Sekundarstufe

Dr. Elisabeth Höhn

Arbeitsheft Ethik

AF565845

2 Das eigene Leben gestalten

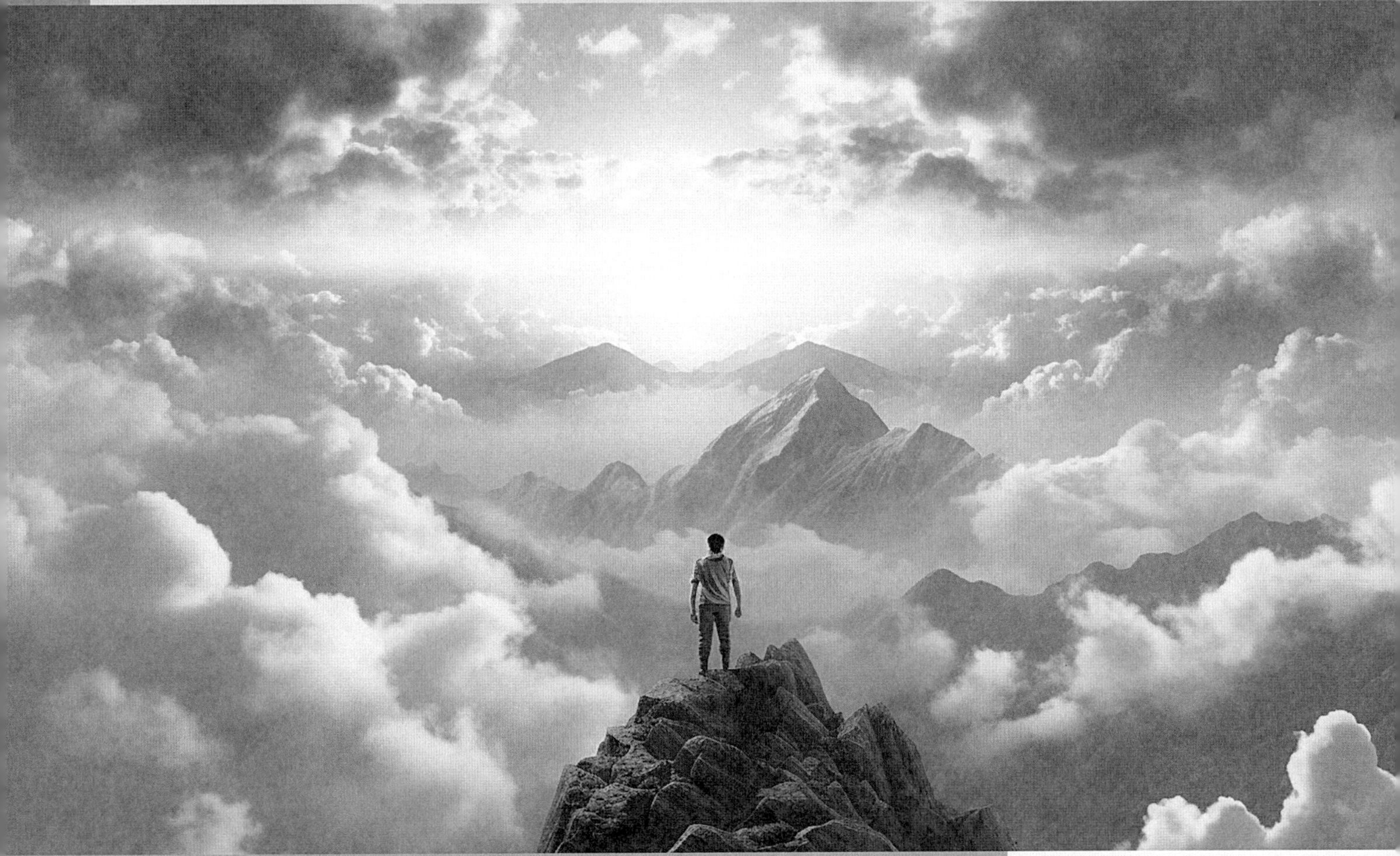

Bewusstsein schaffen für die Grundfragen des menschlichen Daseins

www.kohlverlag.de

Arbeitsheft Ethik

Band 2: Das eigene Leben gestalten

1. Auflage 2024

Inhalt: Dr. Elisabeth Höhn
Coverbild: © Paulina – AdobeStock.com
Redaktion: Kohl-Verlag
Grafik & Satz: Eva-Maria Noack / Kohl-Verlag
Druck: Druckhaus Flock, Köln

Bestell-Nr. 13 093

ISBN: 978-3-98841-166-2

Bildquellen © AdobeStock.com:

S. 2: Africa Studio; **S. 5**: Starmapro; **S. 6**: Quality Stock Arts; **S. 7**: Quality Stock Arts; **S. 8**: Sladjana; **S. 9**: ruskpp, juniart; **S. 10**: NINENII; **S. 11**: Yaroslav Astakhov; **S. 12**: Victor; **S. 13**: radek-cho, New Africa; **S. 14**: JackF, Tetiana; **S. 15**: Alexandr Sidorov, olezzo; **S. 17**: djma; **S. 19**: vladstar; **S. 20**: Rob hyrons; **S. 21**: sitthiphong; **S. 22**: WoGi, Ieremy (2x), Hein Nouwens, Francois Poirier, vxnaghiyev, martialred, Janis Abolins (2x), Anna, nsit0108, Icons-Studio, gunayaliyva, rex, Parbat, Aasia, Selim, Sentya, arabel0305, BHM, Suncheli; **S. 23**: blobbotronic, Andrea; **S. 24**: Karolina Madej, tanyastock; **S. 25**: Pixel-Shot; **S. 26**: svetazi; **S. 27**: circlephoto, rosifan19; **S. 28**: kongvector; **S. 29**: vegefox.com, Rido; **S. 30**: Iryna Petrenko, Jennie Pavl, Kitreel; **S. 31**: GiorgioMorara; **S. 33**: JackF, terovesalainen; **S. 34**: Atomazul, christianthiel.net; **S. 35**: zatletic; **S. 36**: Elias Kostner; **S. 37**: Pixel Matrix, SVasco; **S. 38**: SVasco; **S. 39**: Faith Stock; **S:40**: alexlmx; **S. 41**: Tepsarit;**S. 42**: GiZGRAPHICS, pict rider **S. 43**: Erica Guilane-Nachez, Silke Lorenz-Haack (bearb.)

Inhalt

ARBEITSHEFT ETHIK
Band 2: Das eigene Leben gestalten – Bestell-Nr. 13 093

Vorwort

Der Ethikband 2 `Das eigene Leben´ gestalten orientiert sich an den Lehrplänen und lässt sich ohne Vorbereitungsaufwand sowohl im Ethik-, als auch im Religionsunterricht beider Konfessionen in den Jahrgangsstufen 5-10, aber auch in beruflichen Schulen einsetzen. Ethik, auch Moralphilosophie genannt ist die Wissenschaft, die sich mit dem richtigen menschlichen Handeln beschäftigt.

Philosophen wie Heraklit, Platon und Aristoteles haben die Zeit seit jeher als ein fundamentales Prinzip angesehen. Auch im Alltagsleben spielt die Zeit eine wichtige Rolle – oft so wichtig, dass sie an den Grundfesten unseres Lebens rüttelt. Vom Umgang mit Zeit und Freizeit, aber auch von der Berufs- und Arbeitszeit handelt das erste Kapitel.

Das zweite Kapitel befasst sich mit den Grundfragen des Lebens: „Wer bin ich“? und den Erwartungen an die eigene Zukunft. Diese Thematik wird auf die Erfahrungswelt heutiger Jugendlicher zugeschnitten.

Vorbilder, Idole, Stars und Influencer spielen bei der Entwicklung einer Persönlichkeit eine große Rolle. Sie geben uns Orientierung und helfen uns Ziele zu verfolgen. Ein weiteres Kapitel beschäftigt sich mit der Frage, warum Jugendliche Vorbilder für ihr Leben brauchen.

Die Frage nach dem Sinn des Lebens zählt zu den großen Fragen der Philosophie. Dabei werden unterschiedliche Facetten menschlichen Lebenssinns herausgearbeitet und anhand eines Beispiels von Viktor Frankl dargestellt, dass das Leben immer einen Sinn hat. Im Anschluss daran werden anhand von konkreten Beispielen die Gefahren von Jugendsekten erörtert.

Das nächste Kapitel behandelt das Thema „Ehrenamt“. Es geht der Frage nach, warum sich immer mehr Jugendliche ehrenamtlich engagieren und welche Vor- und Nachteile ein Jugendfreiwilligendienst im Ausland mit sich bringt.

Der Terrorangriff der Hamas auf Israel, Corona, Ukrainekrieg, zunehmende Flüchtlingszahlen, steigende Mieten und Lebenshaltungskosten, finanzielle Probleme, Klimakrise – das sind derzeit die meisten Ängste der Deutschen. Manche Theologen, aber Psychologen behandeln sie als Urphänomen. Dieser Band erläutert, dass Angst auch nützliche Funktionen haben kann.

Der Leitfaden für ein moralisch einwandfreies Leben sind die Zehn Gebote. In diesem Band wird aufgezeigt, wie der Dekalog für das Leben im 21. Jahrhundert gilt. Dabei werden besondere Aspekte über Lüge und Wahrheit herausgearbeitet, denn das 8. Gebot ist sicherlich dasjenige, dass Schüler und Schülerinnen am meisten in ihrer konkreten Lebenswelt betrifft.

Vom Methodischen her bringen die Formen der Rätsel und Übungen Abwechslung in den Schulalltag. Gedichte, Geschichten und Gleichnisse, Lückentexte, Buchstabenrätsel und Einsetzübungen aktivieren unterschiedliche Lernstrategien und helfen damit auch, die Informationen nachhaltiger im Gedächtnis zu speichern.

Die Arbeitsblätter enthalten Informationstexte sowie speziell ausgearbeitete Aufgabenstellungen, die sowohl im Frontalunterricht, als auch in Einzel-, Partner- oder Gruppenarbeit erarbeitet werden können. Sie sind einfach und verständlich mit unterschiedlichen Bildmaterialien gestaltet und sind sowohl für fachfremd unterrichtende Lehrkräfte als auch für Vertretungsstunden eine wertvolle Hilfe.

In diesem Sinne wünschen der Kohl-Verlag und die Autorin den Lehrenden und Lernenden einen lebendigen und abwechslungsreichen Ethikunterricht.

Dr. Elisabeth Höhn

1 Unsere Zeit – unser Leben

Die Zeit – zu wenig oder zu viel

Die Zeit

Man kann sie nicht riechen,
man kann sie nicht schmecken,
man kann sie einfach
nirgends entdecken.

Man kann sie vergeuden,
man kann sie vergessen.
Doch was man versäumt hat,
kann man nicht messen.

Man kann sie nicht kaufen,
man kann sie nicht borgen.
Man sucht das Gestern,
schon ist es morgen.

Man kann sie gut nutzen,
und jemanden schenken,
und wenn man Zeit hat,
an sie denken.

Gerald Jatzek

Die Zeit ist uns heute zum Problem geworden. Viele Menschen klagen, sie hätten so wenig Zeit. Weltweiter Konkurrenzdruck führt in vielen Unternehmen dazu, dass in immer kürzerer Zeit immer mehr bewältigt werden muss. Die Folge ist oft ein Gefühl der Überforderung, begleitet von chronischem Stress bis hin zum Burnout.
Viele Menschen vermissen heutzutage in der ständigen Jagd um das „tägliche Brot“ die Möglichkeit, sich selbst in der Zeit ihres Lebens verwirklichen zu können.
Doch nicht nur chronischer Zeitmangel ist ein Problem unserer Tage, auch das genaue Gegenteil, das Zuviel an Zeit, macht vielen Menschen zu schaffen. Betroffen sind hier oft Arbeitslose und Ruheständler. Doch auch Kinder und Jugendliche kämpfen oft gegen die Langeweile an Wochenenden und Feiertagen. Corona hat dieses Problem noch verstärkt. Die Freizeit- und Unterhaltungsindustrie reagiert darauf mit immer mehr digitalen Spielideen, wobei insbesondere PC-Spiele beim jüngeren Publikum Erfolge verzeichnen, vor allem wenn sie möglichst actiongeladen sind.
Sowohl das Zuviel wie auch das Zuwenig an Zeit ist ein Aspekt von „Zeitnot“.

1. ***Wie kann man der Zeit begegnen?***
2. ***Wie können wir den Umgang mit der Zeit so gestalten, dass die Zeit sich wahrhaft als Gut des Menschen erweist und nicht als unerträglicher Druck oder gähnende Leere?***
3. ***Woran liegt es, dass wir die Zeit heute so erfahren, dass sie uns Not bereitet?***
4. ***Überlege dir Redensarten über die Zeit.***
5. ***Nenne positive und negative Aspekte der Zeit.***
6. ***Erstelle Pläne für eine sinnvolle Zeitplanung.***

1 Unsere Zeit – unser Leben

»Der Papalagi hat keine Zeit«

Ein Südseehäuptling spricht über den weißen Mann:
„Der Papalagi ist immer unzufrieden mit seiner Zeit, und er klagt den großen Geist dafür an, dass er nicht mehr gegeben hat. Ja, er lästert Gott und seine große Weisheit, indem er jeden Tag nach einem ganz gewissen Plane teilt und zerteilt. Er zerschneidet ihn geradeso, als führe man kreuzweise mit einem Buschmesser durch eine weiche Kokosnuss. Alle Teile haben ihren Namen: Sekunde, Minute, Stunde. Die Sekunde ist kleiner als die Minute, diese kleiner als die Stunde; alle zusammen machen die Stunden, und man muss sechzig Minuten und noch viel mehr Sekunden haben, ehe man so viel hat wie eine Stunde.

Das ist eine verschlungene Sache, die ich nie ganz verstanden habe, weil es mich übel anmacht, länger als nötig über solcherlei kindische Sachen nachzusinnen. Doch der Papalagi macht ein großes Wissen daraus. Die Männer, die Frauen und selbst die Kinder, die kaum auf den Beinen stehen können, tragen im Lendentuch, an dicke metallene Ketten gebunden und über den Nacken hängend oder mit Lederstreifen ums Handgelenk geschnürt eine kleine, platte, runde Maschine, von der sie die Zeit ablesen können. Dieses Ablesen ist nicht leicht. Man übt es mit den Kindern, indem man ihnen die Maschine ans Ohr hält, um ihnen Lust zu machen.
Solche Maschine, die sich leicht auf zwei flachen Fingern tragen lässt, sieht in ihrem Bauche aus wie die Maschinen im Bauche der großen Schiffe, die ihr ja alle kennt. Es gibt aber auch große und schwere Zeitmaschinen, die stehen im Innern der Hütten oder hängen auf den höchsten Hausgiebeln, damit sie weithin gesehen werden können. Wenn nun ein Teil der Zeit herum ist, zeigen kleine Finger auf der Außenseite der Maschine dies an, zugleich schreit sie auf, ein Geist schlägt gegen das Eisen in ihrem Herzen. Ja, es entsteht ein gewaltiges Tosen und Lärmen in einer europäischen Stadt, wenn ein Teil der Zeit herum ist.
Wenn dieses Zeitlärmen ertönt, klagt der Papalagi: „Es ist eine schwere Last, dass wieder eine Stunde herum ist.“ Er macht zumeist ein trauriges Gesicht dabei, wie ein Mensch, der ein großes Leid zu tragen hat; obwohl gleich eine ganz frische Stunde herbeikommt.
Ich sage, dies möchte eine Art Krankheit sein; denn angenommen, der Weiße hat Lust, irgendetwas zu tun, sein Herz verlangt danach, er möchte vielleicht an die Sonne gehen oder auf dem Flusse Kanu fahren oder sein Mädchen lieb haben, so verdirbt er sich zumeist seine Lust, indem er an dem Gedanken haftet: „Mir ward keine Zeit, fröhlich zu sein.“ Die Zeit wäre da, doch er sieht sie beim besten Willen nicht. Er nennt tausend Dinge, die ihm die Zeit nehmen, hockt sich mürrisch und klagend über eine Arbeit, zu der er keine Lust, an der er keine Freude hat, zu der ihn auch niemand zwingt, als er sich selbst. Sieht er dann aber plötzlich, dass er Zeit hat, dass sie doch da ist, oder gibt ihm ein anderer Zeit – die Papalagi geben sich vielfach gegenseitig Zeit, ja nichts wird so hoch geschätzt als dieses Tun –, so fehlt ihm wieder die Lust, oder er ist müde von der Arbeit ohne Freude. Und regelmäßig will er morgen tun, wozu er heute Zeit hat.
Weil jeder Papalagi besessen ist von der Angst um seine Zeit, weiß er auch ganz genau, und nicht nur jeder Mann, sondern auch jede Frau und jedes kleine Kind, wie viele Mond- und Sonnenaufgänge verronnen sind, seit er selber zum ersten Male das große Licht erblickte. Ja, dieses spielt eine so ernste Rolle, dass es in gewissen gleichen Zeitabständen gefeiert wird mit Blumen und großen Essensgelagen.

1 Unsere Zeit – unser Leben

Wie oft habe ich verspürt, wie man sich für mich zu schämen müssen glaubte, wenn man mich fragte, wie alt ich sei, und wenn ich lachte und dies nicht wusste. „Du musst doch wissen, wie alt du bist." Ich schwieg und dachte: Es ist besser, ich weiß es nicht.
Wie alt sein, heißt, wie viele Monde gelebt haben. Dieses Zählen und Nachforschen ist voller Gefahr, denn dabei ist erkannt worden, wie viele Monde der meisten Menschen Leben dauert. Ein jeder passt nun ganz genau auf, und wenn recht viele Monde herum sind, sagt er: „Nun muss ich bald sterben." Er hat keine Freude mehr und stirbt auch wirklich bald.
Nur ein einziges Mal traf ich einen Menschen, der viel Zeit hatte, der nie ihrer klagte; aber der war arm und schmutzig und verworfen. Die Menschen gingen im weiten Bogen um ihn herum, und keiner achtete seiner. Ich begriff solches Tun nicht, denn sein Gehen war ohne Hast, und seine Augen hatten ein stilles, freundliches Lächeln. Als ich ihn fragte, verzerrte er sein Gesicht, und er sagte traurig: „Ich wusste nie, meine Zeit zu nützen, daher bin ich ein armer, missachteter Tropf." Dieser Mensch hatte Zeit, doch auch er war nicht glücklich.
Der Papalagi wendet seine ganze Kraft auf und gibt alle seine Gedanken daran, wie er die Zeit möglichst dick machen könne. Er nutzt das Wasser und Feuer, den Sturm, die Blitze des Himmels, um die Zeit aufzuhalten. Er tut eiserne Räder unter seine Füße und gibt seinen Worten Flügel, um mehr Zeit zu haben. Und wozu alle diese große Mühe? Was macht der Papalagi mit seiner Zeit?
Ich glaube, die Zeit entschlüpft ihm wie eine Schlange in nasser Hand, gerade weil er sie zu sehr festhält. Er lässt sie nicht zu sich kommen. Er jagt immer mit ausgestreckten Händen hinter ihr her, er gönnt ihr die Ruhe nicht, sich in der Sonne zu lagern. Sie soll immer ganz nahe sein, soll etwas singen und sagen. Die Zeit ist aber still und friedfertig und liebt die Ruhe und das breite Lagern auf der Matte. Der Papalagi hat die Zeit nicht erkannt, er versteht sie nicht, und darum misshandelt er sie mit seinen rohen Sitten.
Oh, ihr lieben Brüder! Wir haben nie geklagt über die Zeit, wir haben sie geliebt, wie sie kam, sind ihr nie nachgerannt, haben sie nie zusammen – noch auseinanderlegen wollen.
Wir müssen den armen, verwirrten Papalagi vom Wahn befreien, müssen ihm seine Zeit wiedergeben. Wir müssen ihm seine kleine runde Zeitmaschine zerschlagen und ihm verkünden, dass von Sonnenaufgang bis Sonnenuntergang viel mehr Zeit da ist, als ein Mensch gebrauchen kann.

(Auszug aus: »Der Papalagi«, Reden des Südseehäuptlings der Tuvaii, 1977. Mit freundlicher Genehmigung des Tanner und Stähelin Verlages, Zürich)

Unterstreiche in der Geschichte ...

a) ***rot**, was der Südseehäuptling gut findet.*

b) ***blau**, was er nicht gut findet.*

c) ***grün**, wo du anderer Meinung bist als der Südseehäuptling.*

ARBEITSHEFT ETHIK
Band 2: Das eigene Leben gestalten – Bestell-Nr. 13 093

KOHL VERLAG

1 Unsere Zeit – unser Leben

Geschichten über die Zeit

Die Geschichte mit der Säge

Ein Spaziergänger geht durch einen Wald und begegnet einem Waldarbeiter, der hastig und mühselig in großer Eile damit beschäftigt ist, einen bereits gefällten Baum in kleine Teile zu zersägen. Der Spaziergänger tritt näher heran, um zu sehen, warum der Holzfäller sich so abmüht und sagt dann: „Entschuldigen Sie, aber mir ist da etwas aufgefallen: Ihre Säge ist ja total stumpf! Wollen Sie diese nicht einmal schärfen?" Worauf der Waldarbeiter müde aufschaut und sagt: „Dafür habe ich keine Zeit, lieber Mann, ich muss sägen!"

Wenn ich 53 Minuten übrig hätte

„Guten Tag", sagte der kleine Prinz. „Guten Tag", sagte der Händler. Er handelte mit höchst wirksamen, durststillenden Pillen. Man schluckt jede Woche eine und spürt überhaupt kein Bedürfnis mehr zu trinken.

„Warum verkaufst du das?", sagte der kleine Prinz. „Das ist eine große Zeitersparnis", sagte der Händler. „Die Sachverständigen haben Berechnungen angestellt. Man spart dreiundfünfzig Minuten in der Woche." „Und was macht man mit diesen dreiundfünfzig Minuten?" „Man macht damit, was man will ..." „Wenn ich dreiundfünfzig Minuten übrig hätte, sagte der kleine Prinz, „würde ich gemächlich zu einem Brunnen laufen ..."

Was du tust, das tue ganz

Ein in der Meditation erfahrener Mann wurde einmal gefragt, warum er trotz seiner vielen Beschäftigungen immer so gesammelt sein könne.

Dieser sagte:

„Wenn ich stehe, dann stehe ich, wenn ich gehe, dann gehe ich, wenn ich sitze, dann sitze ich, wenn ich esse, dann esse ich, wenn ich spreche, dann spreche ich ..."

Da fielen ihm die Fragesteller ins Wort und sagten: „Das tun wir auch, aber was machst du noch darüber hinaus?"

Er sagte wiederum: „Wenn ich stehe, dann stehe ich, wenn ich gehe, dann gehe ich, wenn ich sitze, dann sitze ich, wenn ich esse, dann esse ich, wenn ich spreche, dann spreche ich ..." Wieder sagten die Leute: „Das tun wir doch auch." Er aber sagte zu ihnen: „Nein, wenn ihr sitzt, dann steht ihr schon, wenn ihr steht, dann lauft ihr schon, wenn ihr lauft, dann seid ihr schon am Ziel ..."

Ein Zen-Mönch

> *Ein Weiser wurde gefragt,*
> *welches die wichtigste Stunde sei,*
> *die der Mensch erlebt,*
> *welches der bedeutendste Mensch,*
> *der ihm begegnet,*
> *und welches das notwendigste Werk sei.*
> *Die Antwort lautet:*
> *Die wichtigste Stunde ist immer die Gegenwart,*
> *der bedeutendste Mensch immer der,*
> *der dir gerade gegenübersteht und das*
> *notwendigste Werk ist immer die Liebe.*
>
> *Meister Eckhart*

1. ***Was kann man aus der Geschichte mit der Säge lernen?***
2. ***Was würdest du mit 53 Minuten Zeitersparnis machen?***
3. ***Drücke mit eigenen Worten aus, was die Botschaft des Zen-Mönchs beinhaltet.***

ARBEITSHEFT ETHIK
Band 2: Das eigene Leben gestalten – Bestell-Nr. 13 093
KOHL VERLAG

Unsere Zeit – unser Leben

Das Gleichnis vom großen Gastmahl (Lk 14, 15–24)

15 Da aber einer das hörte, der mit zu Tisch
saß, sprach er zu Jesus: Selig ist, der das
Brot isst im Reich Gottes!
16 Er aber sprach zu ihm: Es war ein Mensch,
der machte ein großes Abendmahl und lud
viele dazu ein.
17 Und er sandte seinen Knecht aus, zur
Stunde des Abendmahls, den Geladenen zu
sagen: Kommt, denn es ist alles schon bereit!
18 Da fingen sie alle an, sich zu entschuldigen. Der erste sprach zu ihm: Ich habe einen
Acker gekauft und muss hinausgehen und ihn besehen; ich bitte dich, entschuldige mich.
19 Und ein andrer sprach: Ich habe fünf Joch-Ochsen gekauft und ich gehe jetzt hin, sie
zu besehen, ich bitte dich, entschuldige mich.
20 Wieder ein andrer sprach: Ich habe eine Frau geheiratet; darum kann ich nicht kommen.
21 Und der Knecht kam und sagte das seinem Herrn. Da wurde der Hausherr zornig und
sprach zu seinem Knechte: Geh schnell hinaus auf die Straßen und Gassen der Stadt
und führe die Armen und Verkrüppelten und Blinden und Lahmen herein.
22 Und der Knecht sprach: Herr, es ist geschehen, was du befohlen hast; es ist aber
noch Raum da.
23 Und der Herr sprach zu dem Knechte: Gehe aus auf die Landstraßen und an die Zäu-
ne und nötige sie hereinzukommen, dass mein Haus voll werde.
24 Denn ich sage euch: Keiner der Männer, die geladen waren, wird mein Abendmahl
schmecken.
(nach der Lutherübersetzung)

1. ***Was wollte uns Jesus mit dem Gleichnis vom großen Gastmahl sagen?***
2. ***Kannst du dich an Situationen in deinem Leben erinnern, wo du dich wie die Eingeladenen verhalten hast?***

____

____

____

____

____

____

____

____

____

____

KOHL VERLAG ARBEITSHEFT ETHIK Band 2: Das eigene Leben gestalten – Bestell-Nr. 13 093

1 Unsere Zeit – unser Leben

Berufs- und Arbeitszeit

Jugendliche über ihre ersten Erfahrungen

„Ich wollte unbedingt eine Lehre als Technischer Zeichner beginnen. Natürlich brauchte ich dazu einen mittleren Bildungsabschluss. Mit einiger Mühe hatte ich es dann auch geschafft. Ich fand einen Ausbildungsplatz, aber bald stand ich vor einem großen Problem. Ich geriet Tag für Tag in Konflikte mit dem Arbeitgeber, den Kollegen und mit Kunden. Es machte mich seelisch und physisch kaputt. Jetzt waren alle meine Erwartungen, dass ich es als 17-jähriger schöner haben werde, zerschlagen. Ich wollte die Ausbildung abbrechen. Doch dann lernte ich Menschen kennen, die mir gut zuredeten und immer wieder mein Selbstbewusstsein festigten. Dadurch verstand ich langsam, warum es für meine Zukunft sehr wichtig ist, eine abgeschlossene Berufsausbildung zu haben." Holger, 17 Jahre

„Seit drei Monaten arbeite ich in einer Schneiderei. Am Anfang habe ich ziemlich viel falsch gemacht. Meine Arbeit wurde mir höchstens zwei- bis dreimal vorgeführt, dann saß ich allein an meiner Nähmaschine. Der Strom kam und die Maschine ratterte los. Ab und zu kommt mal ein anderes Material, dann muss man ganz schnell die Maschine umstellen. Mein Arbeitstag sieht folgendermaßen aus: 6.50 Uhr im Geschäft bis 16.30 Uhr Feierabend, und dies fünf Tage in der Woche." Marion, 18 Jahre

„Ich erlerne den Beruf eines Einzelhandelskaufmanns. Ich brauche Leben um mich herum. So gesehen ist mein Beruf ideal, ich kann mich in der Arbeit austoben. Als Lehrling wandert man in unserem Betrieb von Abteilung zu Abteilung. Erst spät fing ich an, mich um die Kunden persönlich zu kümmern. Inzwischen sind aus einigen launischen Käufern freundliche Kunden geworden. Aber man braucht auch Nerven, denn es gibt nicht nur Engel unter den Kunden und manchen ist einfach nicht zu helfen. Im Ganzen gesehen, macht mir meine Arbeit aber Spaß. Ich freue mich auf den nächsten Tag, auf ein kurzes Gespräch mit Frau K., auf das Zusammenarbeiten mit meinen Kolleginnen."

Petra, 17 Jahre

„Ich wollte eigentlich schon immer Friseurin werden und bin es schließlich auch geworden. Meine Eltern hatten schon vorgesorgt, dass ich eine Lehrstelle bekam. Ich muss zwar 30 km bis zu meiner Arbeitsstelle fahren, aber das ist mir egal. Der Beruf macht mir sehr viel Spaß, und ich würde ihn auch gleich wieder wählen." Michaela, 16 Jahre

„Ich arbeite in der Versuchsabteilung unserer Firma. Hier werden die Prototypen jeder Neuentwicklung in Einzelanfertigung hergestellt. Bereits laufende Modelle werden ständig geändert und verbessert. Diese Arbeit ist sehr interessant und abwechslungsreich. Auch habe ich ein gewisses Maß an Verantwortung, da man sich hier keinen Fehler erlauben kann." Alexander, 18 Jahre

1. ***Erläutere die Unterschiede zwischen Job, Arbeit, Beruf und Berufung.***
2. ***Nenne verschiedene Gründe, warum Menschen arbeiten?***
3. ***Welche Folgen können entstehen, wenn jemand nur wegen finanzieller Gründe arbeitet?***
4. ***Aus welchen Gründen arbeitest du?***
5. ***Was gefällt dir an deiner Arbeit, was nicht?***
6. ***Wonach wirst du an deinem Arbeitsplatz beurteilt?***
7. ***Wonach möchtest du beurteilt werden?***

ARBEITSHEFT ETHIK
Band 2: Das eigene Leben gestalten – Bestell-Nr 13 093
KOHL VERLAG

1 Unsere Zeit – unser Leben

Geschichten aus dem Arbeitsleben

Beispiel 1

Ein Indianer ist auf Fischfang am Flussufer und es kommt ein Arbeitskräfte-Anwerber aus der nächsten Industriestadt zu ihm und sagt: „Du sollst hier nicht einfach Fische fangen, sondern richtig arbeiten, in der Fabrik, ich kann dir das vermitteln."
„Und warum soll ich das?" fragt der Indianer. „Damit du Geld verdienst und dir ein Haus, ein Auto, einen Fernseher und solche Sachen kaufen kannst:" „Und dann?"
„Dann kannst du Auto fahren und fernsehen."
„Und dann?" „Dann kannst du später eine Rente bekommen und dich zurückziehen!"
„Und dann?" „Na, dann kannst du dir ein schönes Leben machen", sagt der Anwerber ein bisschen ungeduldig, „auf die Jagd gehen zum Beispiel, oder fischen."
„Aber", sagt der Indianer, „das tu ich doch schon."

1. ***Wer hat Recht? Arbeitskräfte-Anwerber oder Indianer? Begründe deine Meinung!***

Beispiel 2

Als man das Münster in Freiburg baute, fragte man drei Steinmetze nach ihrer Arbeit.
Der erste meinte: „Ich haue Steine".
Der zweite entgegnete: „Ich verdiene Geld."
Der dritte überlegte und sprach: „Ich baue am Dom."

2. ***Nimm Stellung zu diesen Aussagen!***
3. ***Wirken sich diese Aussagen auf die Arbeitshaltungen aus?***
4. ***Was bedeutet ‚Nächstenliebe im Beruf'?***
5. ***Erläutere dies anhand von Beispielen!***
6. ***Nach Meinung des Reformators Martin Luther ist Arbeit Gottesdienst. Was meint er damit?***

Ein altes chinesisches Sprichwort sagt:

„Wenn du eine Stunde glücklich sein willst, schlafe!

Wenn du einen Tag glücklich sein willst, gehe fischen!

Wenn du eine Woche glücklich sein willst, schlachte ein Schwein und verzehre es!

Wenn du einen Monat glücklich sein willst, heirate!

Wenn du ein Leben lang glücklich sein willst, liebe deine Arbeit!"

7. ***Für die einen besteht das Leben aus Freizeit, Geselligkeit, Spiel, Sport, Konsum und Medien. Für die anderen ist Arbeit und Erfolg zu ihrem alleinigen Lebenssinn geworden. Nimm kritisch Stellung zu den zwei Aussagen, vergleiche sie.***
8. ***Begründe, warum keine der beiden Aussagen zufriedenstellt und beschreibe einen vernünftigen Mittelweg an.***
9. ***Welche Wünsche hast du an deinen späteren Arbeitsplatz?***

1 Unsere Zeit – unser Leben

Das Gleichnis von den Arbeitern im Weinberg (Matthäus 20, 1–16)

1 Denn das Himmelreich gleicht einem Hausherrn, der früh am Morgen ausging, um
Arbeiter anzuwerben für seinen Weinberg.
2 Und als er mit den Arbeitern einig wurde über einen Silbergroschen als Tagelohn,
sandte er sie in seinen Weinberg.
3 Und ging aus um die dritte Stunde und sah andere auf dem Markte müßig stehen
4 und sprach zu ihnen: „Geht ihr auch hin in den Weinberg; ich will euch geben, was
recht ist."
5 Und sie gingen hin. Abermals ging er aus um die sechste und um die neunte Stunde
und tat dasselbe.
6 Um die elfte Stunde aber ging er aus und fand andere stehen und sprach zu ihnen:
„Was steht ihr den ganzen Tag müßig da?"
7 Sie sprachen zu ihm: „Es hat uns niemand angeworben." Er sprach zu ihnen: „Geht ihr
auch hin in den Weinberg."
8 Da es nun Abend wurde, sprach der Herr des Weinbergs zu seinem Verwalter: „Ruf die
Arbeiter und gib ihnen den Lohn" und fang an bei den letzten bis zu den ersten.
9 Da kamen, die um die elfte Stunde angeworben waren, und jeder empfing seinen Silbergroschen. Als aber die ersten kamen, meinten sie, sie würden mehr empfangen; und
sie empfingen auch ein jeglicher seinen Silbergroschen.
11 Und als sie den empfingen, murrten sie gegen den Hausherrn
12 und sprachen: „Diese Letzten haben nur eine Stunde gearbeitet, doch du hast sie uns
gleich gestellt, die wir des Tages Last und die Hitze ertragen haben.
13 Er antwortete aber und sagte zu einem unter ihnen: „Mein Freund, ich tu dir nicht
Unrecht. Bist du nicht mit mir einig geworden um einen Silbergroschen?
14 Nimm, was dein ist, und geh! Ich will aber diesem Letzten dasselbe geben.
15 Oder habe ich nicht Macht zu tun, was ich will, mit dem was mein ist? Siehst du darum
scheel, weil ich so gütig bin?
16 So werden die Letzten die Ersten und die Ersten die Letzten sein.
(nach der Lutherbibel)

1. ***Was will Jesus mit diesem Gleichnis aussagen?***
2. ***Was sagt das Gleichnis über Gottes Haltung den Menschen gegenüber aus?***

ARBEITSHEFT ETHIK
Band 2: Das eigene Leben gestalten – Bestell-Nr. 13 093
KOHL VERLAG

1

Unsere Zeit – unser Leben

Freizeit in Geschichte und Gegenwart

Als „Freizeit" wird heute im Allgemeinen die Zeit bezeichnet, über die ein Mensch ganz frei verfügen kann. Im Gegensatz zur Arbeitszeit (der „produktiven" Zeit) und zu der für die Erneuerung der körperlichen und seelischen Kräfte erforderlichen Zeit (der „reproduktiven" Zeit) ist die „Freizeit" eine „verhaltensbeliebige" Zeit, eine Zeit also, in der ein Mensch nach eigenem Ermessen ausruhen, Arbeiten verrichten oder sich anderen Beschäftigungen widmen kann.
Im Altertum war „Freizeit" ein Vorrecht der Freien und Mächtigen. Für die zahllosen Fronarbeiter und Sklaven, die vor allem in Ägypten, in Griechenland und im römischen Reich die schweren Arbeiten verrichten mussten, gab es praktisch keine „frei verfügbare Zeit".
Im christlichen Geschichtsraum erhielt die ‚Freizeit' bzw. der Ruhetag mit der Einrichtung des Sabbats im Alten Testament erstmals seinen festen Platz im Lebensrhythmus. Schon von der Wortbedeutung her, ist der Sabbat, der Tag der Ruhe von der Arbeit. Diese Aufforderung zum Ausruhen gilt nach 2. Mose 23, 12 nicht nur für den Menschen, sondern auch für die Tiere. Dennoch kannte man den uns heute geläufigen Begriff der Freizeit nicht. Das Leben in biblischer Zeit verlief viel einfacher als heute. Ein „Freizeitangebot" mit ausgefeilten Spielideen, Spielgeräten, Spielfeldern und entsprechenden Sportvereinen oder gar elektronische Spielformen gab es nicht. Hinzu kam, dass die Arbeit damals aufgrund der fehlenden technischen Hilfsmittel körperlich noch viel anstrengender und zeitaufwendiger war. Den Menschen damals war eher nach Ruhe und Erholung zu Mute, war als nach weiterer körperlicher Betätigung.
Zur Ruhe gehörte zur Zeit des Alten Testaments aber auch die Freude, das ‚Feiern'. In Musik, Lied, Spiel und Tanz kam diese Freude zum Ausdruck. In der jüdischen Tradition wurde der Sabbat durch den Einfluss der Pharisäer mit religiösen Formeln überladen und geriet zu einer Art „geheiligtem Nichtstun". Dies wurde im Neuen Testament durch Jesus wieder aufgehoben, indem er den Sabbat wieder mit dessen ursprünglichem Sinn verbindet. Für ihn war der Sabbat für den Menschen da, nicht der Mensch für den Sabbat.

Freizeit heute

Das Erleben von Freizeit ist, v. a. für die jüngere Generation, heute so selbstverständlich wie essen und schlafen. Bereits 1992 hatte der Bundesbürger im Schnitt 4,4 Stunden Freizeit pro Tag. Dies war nicht immer so. 1950 waren es noch rund drei Stunden täglich. Einen Überblick über das Freizeit- bzw. Arbeitsaufkommen der Bundesbürger zwischen 1850, 1990 und 2020 geben die Tabellen 1 und 2.

Arbeit	1850	1990	2020
Tag	16 Std.	8 Std.	7 Std.
Woche	85 Std.	36,5 Std.	30 Std.
Jahr	52 Wochen	46 Wochen	40 Wochen

Tab. 1: Arbeitspensum in Deutschland in verschiedenen Zeitepochen

KOHL VERLAG Lernen mit Erfolg
ARBEITSHEFT ETHIK
Band 2: Das eigene Leben gestalten – Bestell-Nr. 13 093

1 Unsere Zeit – unser Leben

Freizeit	1850	1990	2020
Tag	3 Std.	4,4 Std.	5 Std.
Woche	1 Tag	2,5 Tage	3 Tage
Jahr	2 Wochen	6 Wochen	12 Wochen

Tab. 1: Arbeitspensum in Deutschland in verschiedenen Zeitepochen

Ergebnisse der Shell Jugendstudie zum Thema „Freizeit“
Die Shell Jugendstudie 2015 untersuchte das Freizeitverhalten von Jugendlichen und jungen Erwachsenen im Alter von 12 bis 25 Jahren und kam zu folgenden Ergebnissen:

Freizeitbeschäftigung in Prozent	männlich	weiblich
sich mit Leuten treffen	53	63
Musik hören	51	57
Im Internet surfen	60	44
Fernsehen	52	49
Soziale Netzwerke nutzen	35	35
Training/aktiv Sport treiben	35	26
Unternehmungen mit der Familie	16	33
In die Disco, zu Partys gehen	20	21
Shoppen, sich tolle Sachen kaufen	5	25

1. ***Definiere den Begriff „Freizeit“.***
2. ***Überlege dir Ideen zur Freizeitgestaltung zu Hause und in der Natur.***
3. ***Warum braucht der Mensch Hobbys?***
4. ***Welche Fähigkeiten sollen mit der Ausübung von Freizeitaktivitäten gefördert werden?***

5. ***Erstelle nach Art eines Stundenplans eine Übersicht über die Arbeiten, die du während einer Woche erledigst. Dazu zählt alles, also neben Schule und Hausaufgaben auch Tätigkeiten im Haushalt, Schlafen usw.***
6. ***Ordne anschließend diesen Tätigkeiten folgende Begriffe zu: Pflicht – Arbeit – Freizeit – Langeweile – Freude – Erholung***
7. ***Beantworte mit Hilfe deiner Übersicht folgende Fragen:***
   a) ***Wieviel Freizeit steht dir zur Verfügung?***
   b) ***Ist diese Freizeit für dich ausreichend?***
   c) ***Wie gestaltest du diese Freizeit?***
   d) ***Würdest du in dieser Freizeit lieber etwas anderes tun?***
   e) ***Wie sieht das Freizeitangebot in deiner Umgebung aus?***
   f) ***Ist dieses Angebot für dich ausreichend?***
   g) ***Was würdest du aus deiner Übersicht streichen?***

ARBEITSHEFT ETHIK
Band 2: Das eigene Leben gestalten • Bestell-Nr. 13 093
KOHL VERLAG

1

Unsere Zeit – unser Leben

Jugendliche zum Thema Freizeit

„Freizeit ist doch ein einziger Unfug! Erst mal das Geld ... Kino, Fußball, Diskothek, Flipper – überall wollen sie doch erst Geld sehen. Aber das ist noch gar nichts: Drum herum wirst du ja auch bei jeder sich nur bietenden Gelegenheit ausgenommen. Anfahrt, Parkplatz, Garderobe, Getränke und Verzehr – das geht bis zum Sportgroschen! Da verdient eine ganze Industrie dran ... Freizeit ist Fortsetzung des Konsumterrors mit anderen Mitteln!“

Michael

„Wer seine Freizeit in Kneipen, auf Motorrädern oder vor dem Internet verbringt, der kann nicht sagen, dass er frei ist; denn er ist ein Sklave der Konsumgesellschaft geworden. Meiner Meinung nach sollte jeder einzelne in seiner Freizeit kreativ werden. Durch eine solche Tätigkeit prägt sich das Individuum aus. Gleichzeitig bildet man so einen wirkungsvollen Schutz vor der Vermassung.“

Jürgen

„In vielen Fällen ist es so, dass die Menschen einfach ‚nehmen, was kommt‘, z. B. Illustrierte, Zeitschriften oder stundenlang im Internet surfen. Stattdessen gäbe es die Möglichkeit, sich in der Freizeit persönlich weiterzubilden. Ein Beispiel: Warum nicht eine Fremdsprache vertiefen, z. B. durch Volkshochschulkurse oder ein Instrument erlernen?“

Martina

„Ein wichtiger Bestandteil meiner Freizeitbeschäftigung ist mir auch das Gebet geworden, das mich ausdauernder, widerstandsfähiger und fröhlicher macht. Im Übrigen glaube ich, dass, wenn heute über Langeweile geklagt wird, es daran liegt, dass man die traditionellen Formen der Freizeitbeschäftigung, wie z. B. Gesellschaftsspiele oder Wandern, ablehnt. Oder man sucht etwas zu seinem eigenen Vergnügen, für sich – und bedenkt gar nicht, dass das Tun für andere viel mehr Vergnügen und Befriedigung schenken kann.“

Angelika

1. ***Erstelle ein Mindmap zum Thema Freizeit.***
2. ***In den vier Aussagen von Jugendlichen kommen auch negative Aspekte ihrer Freizeitgestaltung zum Ausdruck. Welche sind das? Notiere sie mit eigenen Worten. Welcher Aussage stimmst du zu? Begründe deine Ansicht!***
3. ***Nenne beliebte und unbeliebte Freizeitaktivitäten bei Jugendlichen.***
4. ***Gibt es Freizeitunterschiede bei Mädchen und Jungen?***
5. ***Welche Freizeitbeschäftigung wird eher alleine, welche sehr oft gemeinsam mit anderen unternommen?***
6. ***Nennen Freizeitaktivitäten, die mit der Ausgabe von Geld verbunden sind.***
7. ***Von welchen Kriterien hängt es ab, welche Freizeitaktivitäten man ausübt?***
8. ***Psychologen und Mediziner beklagen, dass falsches Freizeitverhalten zu Erkrankungen führen kann. Nenne Beispiele!***
9. ***Was kann man gegen Freizeitstress unternehmen?***

ARBEITSHEFT ETHIK
Band 2: Das eigene Leben gestalten – Bestell-Nr. 13 093

2 Grundfragen des Lebens

Wer bin ich?

Sebastian Maier ist 17 Jahre alt und wird bei der Firma Bosch-Rexroth AG als Produktdesigner ausgebildet. In einem Gespräch mit ihm erfuhren wir, wie er sein Verhältnis zu Eltern, Lehrern, Vorgesetzten und Freunden sieht. Dazu einige Auszüge:

In der Familie

„Meine Eltern wollen kein Musterkind, aber ich muss mich teilweise doch so verhalten. Sie verlangen Respekt und Gehorsam. Das fällt nicht immer leicht, denn ich habe auch eigene Vorstellungen und möchte danach leben. Für die Eltern aber bleibe ich einfach das ‚Kind'. Für meine jüngeren Geschwister soll ich ‚Vorbild' sein, auch wenn ich das nicht möchte. Zu Hause soll ich mithelfen und im Garten arbeiten, gute Noten mitbringen und pünktlich zu Hause sein. Bei wichtigen Themen soll ich auch mal meine Meinung sagen, aber wenn ich widerspreche, geht der Ärger los. Meine Eltern verstehen eben noch nicht ganz, dass ich nun älter geworden bin, dass ich auch mal eigene Wege gehen will und mich langsam von der Familie löse."

Im Betrieb

„Bei uns in der Firma erwarten einige, dass ein Auszubildender alles tut, was ein Vorgesetzter sagt. In den ersten Tagen habe ich mich genau an diese Vorschriften gehalten. Ich habe den ganzen Tag am Computer vor mich hingearbeitet, keinen Ton gesagt und kleine Laufarbeiten gemacht. Nach einer Woche hatte ich gemerkt, dass einige versuchten, das auszunutzen. Ich habe erst einmal vorsichtig widersprochen, dann auch deutlicher. Seitdem kommt es immer wieder zu kleinen Reibereien und Unstimmigkeiten. Aber ich weiß, dass ich auch lernen muss, und tue meine Pflicht, so dass sich keiner beschweren kann."

In der Berufsschule

„Meine Rolle in der Klasse sehe ich so: Mein Verhältnis zu meinen Mitschülern ist gut. Ich falle nicht so häufig aus der Rolle wie einige andere, die ich jetzt nicht mit Namen nennen will. Ich gehöre nicht zu denen, die immer das große Wort haben. Das überlasse ich lieber denen, die mit den Lehrern streiten und dazwischen rufen. Mein Lehrer kann mit mir zufrieden sein, vor allem im Fachzeichnen, in anderen Fächern weniger, weil ich da mehr leisten könnte. Ein Lehrer sollte eine gewisse Macht haben, damit er sich in der Klasse durchsetzen kann. Er sollte auch Kritik hören und etwas ändern, wenn er einsieht, dass etwas besser sein könnte."

Im Verein

„Mein Hobby ist das Fußballspiel. Mit zehn Jahren trat ich in die Schülermannschaft des VfL. Heute spiele ich in der A-Jugend, weil ich Linksaußen spiele. Von denen gibt es nicht viele. So bin ich für die Mannschaft wichtig und ganz gut angesehen, auch im ganzen Verein. Wenn der Spielführer ausfällt, führe ich die Mannschaft. Meine Kameraden haben mich dazu gewählt, weil ich mich immer aus der Cliquenbildung heraushalte, die es auch bei uns gibt. Ich versuche mehr, gerecht nach Spielleistung zu urteilen. Deshalb werde ich auch oft um Rat gefragt. In Versammlungen heißt es immer: „Sag du's doch!" Meine Spielkameraden sind ganz zufrieden mit mir, und mir macht es Spaß, da mitzumachen, weil die meisten prima Kumpel sind."

KOHL VERLAG ARBEITSHEFT ETHIK Band 2: Das eigene Leben gestalten – Bestell-Nr. 13 093

2 Grundfragen des Lebens

1. *Trage in die Kreise Begriffe ein, die für dein Leben wichtig sind.*
2. *Schreibe einen kurzen Bericht über dein Leben*
   a) *in der Familie,*
   b) *im Betrieb,*
   c) *in der Schule und*
   d) *in der Freizeit.*

ARBEITSHEFT ETHIK
Band 2: Das eigene Leben gestalten – Bestell-Nr. 13 093
KOHL VERLAG

2 Grundfragen des Lebens

Erwartungen an die eigene Zukunft

Zukunft ist für mich wie ...

1. *Wie siehst du deine eigene Zukunft? Zeichne ein Bild!*

Ich erwarte von der Zukunft

Ich wünsche mir / ich hoffe:

- ______________________
- ______________________
- ______________________
- ______________________
- ______________________
- ______________________
- ______________________

Davor habe ich Angst:

- ______________________
- ______________________
- ______________________
- ______________________
- ______________________
- ______________________
- ______________________

Folgende 5 Wörter haben für mich am ehesten mit Zukunft zu tun

Partnerschaft	Evolution	Karriere	Angst	Frieden	Technik
Natur	Wasser	Krieg	Kinder	Glaube	Gott
Hoffnung	Gesundheit	Wohnung	Reisen	Freizeit	Arbeitslosigkeit
Auto	Weltraum	Lernen	Kirche	Luxus	Freiheit
Geld	Armut	Die 10 Gebote	Liebe	Freunde	Genmanipulation

2. *Rahme die Wörter ein und erstelle eine Rangfolge!*

ARBEITSHEFT ETHIK
Band 2: Das eigene Leben gestalten – Bestell-Nr. 13 093
KOHL VERLAG

2 Grundfragen des Lebens

Die Legende der drei Bäume

Es waren einmal drei Bäume, die auf einem Hügel im Wald standen. Sie unterhielten sich über ihre Hoffnungen und Träume, und der erste Baum sagte: „Eines Tages möchte ich eine Schatztruhe sein. Man soll mich mit Gold, Silber und kostbaren Juwelen füllen und mit wunderschönen Schnitzereien verzieren, damit jeder meine Schönheit sieht.“ Der zweite Baum fuhr fort: „Ich werde eines Tages ein gewaltiges Schiff sein. Könige und Königinnen werde ich übers Wasser tragen und bis an die Enden der Erde segeln. Jedermann wird sich in meinem starken Schiffsbauch sicher und geborgen fühlen.“ Schließlich kam der dritte Baum zu Wort: „Ich möchte zum größten und geradesten Baum im Wald aufwachsen. Die Menschen werden mich auf der Spitze des Berges sehen, zu meinen Ästen aufschauen und dabei an den Himmel und an Gott denken, dem ich ja so nahe bin. Ich werde der größte Baum aller Zeiten sein, und die Menschen werden sich immer an mich erinnern.“

Nachdem die drei Bäume etliche Jahre dafür gebetet hatten, dass ihre Träume wahr würden, kam eines Tages eine Gruppe von Waldarbeitern vorbei. Beim ersten Baum angelangt, sagte einer der Männer: „Dieser Baum sieht sehr kräftig aus. Ich denke, das Holz ließe sich gut an einen Tischler verkaufen.“ Und er fing an, ihn zu fällen. Der Baum war glücklich, denn er dachte, dass der Tischler eine Schatztruhe aus ihm machen würde. Beim zweiten Baum sagte ein Waldarbeiter: „Dieser hier scheint mir ein starker Baum zu sein, den kann ich bestimmt an die Schiffsbauer verkaufen.“ Der Baum war glücklich, denn er dachte, dass er auf dem besten Weg war, ein mächtiges Schiff zu werden. Als die Waldarbeiter zum dritten Baum kamen, erschrak er. Er dachte, wenn sie ihn fällen würden, würden seine Träume niemals wahr werden. Einer der Männer sagte: „Mein Baum braucht nichts Besonderes zu sein, deshalb nehme ich diesen“ – und er hieb ihn mit kräftigen Axtschlägen um.

Als der erste Baum zum Tischler kam, machte er aus ihm eine Futterkrippe. Sie wurde in einen Stall gestellt und mit Heu gefüllt. Das entsprach ganz und gar nicht dem, was der Baum sich erhofft und erbeten hatte. Der zweite Baum wurde zersägt und zu einem kleinen Fischerboot verarbeitet. Seine Träume, ein mächtiges Schiff zu werden, das Könige übers Wasser tragen würde, waren ausgeträumt. Der dritte Baum wurde in große Stücke gesägt und im Dunklen liegen gelassen. Jahre vergingen, und die drei Bäume vergaßen, was sie geträumt hatten. Eines Tages kamen ein Mann und eine Frau in die Scheune. Die Frau brachte ein Kind zur Welt, und die beiden legten das Baby ins Heu der Futterkrippe, die aus dem ersten Baum entstanden war. Der Mann wünschte, er hätte ein Bettchen für das Baby zimmern können, nun musste eben die Futterkrippe reichen. Der Baum spürte, dass hier etwas außerordentlich Wichtiges geschah, und er wusste, dass er in diesem Moment den größten Schatz aller Zeiten in sich tragen durfte.

Viele Jahre später bestieg eine Gruppe von Männern das Fischerboot, das aus dem zweiten Baum hergestellt worden war. Einer der Männer war sehr müde und legte sich schlafen. Während sie draußen auf dem See waren, kam ein gewaltiger Sturm auf, und der Baum fürchtete, nicht stark genug zu sein, um die Männer zu beschützen. Die Männer weckten den Schlafenden auf. Der erhob sich, rief: „Ruhe!“, und augenblicklich legte sich der Sturm. Da wusste der Baum, dass er den König aller Könige in seinem Rumpf getragen hatte. Einige Zeit später kam jemand, um den dritten Baum abzuholen. Er wurde durch die Straßen geschleppt, während die Leute den Mann, der ihn trug, verspotteten. An einem bestimmten Platz hielten sie an; der Mann wurde an dem Baum festgenagelt und daran aufgerichtet, um auf der Spitze eines Hügels zu sterben. Als der Sonntag kam, begriff der Baum, dass er gewürdigt worden war, oben auf dem Hügel zu stehen und Gott so nahe wie nur möglich zu sein, weil Jesus an ihm gekreuzigt worden war.

Jeder der drei Bäume bekam, was er sich gewünscht hatte, nur nicht so, wie er sich das vorgestellt hatte. Wir wissen nicht immer, welche Pläne Gott für uns hat. Doch wir können wissen: Auch wenn seine Wege nicht unsere Wege sind, werden sie uns immer zum Besten dienen.

1. ***Was ist dein größter Wunschtraum für dein Leben? Notiere ihn und sprich in der Gruppe darüber.***
2. ***Kannst du dich an eine Situation in deinem Leben erinnern, wo du unbedingt etwas haben wolltest und hinterher eingesehen hast, dass es gut war, es nicht zu bekommen?***

ARBEITSHEFT ETHIK
Band 2: Das eigene Leben gestalten – Bestell-Nr. 13 093

3 Vorbilder, Idole, Stars und Influencer

Warum brauchen wir Vorbilder?

Vorbilder geben Orientierung. Sie verkörpern Ideale, nach deren Verwirklichung wir streben können. Sie motivieren und inspirieren uns ihrem Beispiel zu folgen und eigene Ziele zu erreichen.

Vorbilder können aus unterschiedlichen Bereichen wie Familie, Beruf, Sport, Politik, Musik, Wissenschaft oder aus der Geschichte kommen. Sie beeinflussen unsere persönliche Entwicklung und unseren beruflichen Werdegang. Vor allem für Kinder und Jugendliche sind Vorbilder wichtig. Kinder lernen am Vorbild. Sie beobachten Menschen in ihrer Umgebung und ahmen sie nach. Vorbilder helfen uns unsere eigenen Werte zu finden und im Leben glücklich und erfolgreich zu werden.

1. ***Erkläre die Begriffe „Vorbilder", „Idole", „Stars" und „Influencer". Wodurch unterscheiden sich die Begriffe?***

   ____

   ____

   ____

   ____

2. ***Welche Eigenschaften sollten Vorbilder deiner Meinung nach haben?***

   ____

   ____

3. ***Überlege dir Gründe, warum Menschen Vorbilder brauchen?***

   ____

   ____

   ____

   ____

4. ***Beschreibe negative Aspekte von Vorbildern.***

   ____

   ____

   ____

   ____

5. ***Erläutere Vor- und Nachteile eines Influencers.***

   ____

   ____

   ____

   ____

6. ***Finde Beispiele für Vorbilder, Idole, Stars und Influencer und notiere sie in die Zeilen.***

	Vorbild	*Idol*	*Star*	*Influencer*
Beispiel 1:	________	________	________	________
Beispiel 2:	________	________	________	________

KOHL VERLAG ARBEITSHEFT ETHIK Band 2: Das eigene Leben gestalten – Bestell-Nr. 13 093

3 Vorbilder, Idole, Stars und Influencer

Meine Vorbilder

Stell dir vor, du stehst im Mittelpunkt der Skizze. Trage in die Kästchen jeweils eine Person aus unterschiedlichen Bereichen ein, die für dich ein Vorbild ist. Notiere Gründe, warum du genau diese Person als Vorbild gewählt hast. Markiere anschließend Bereiche, die dir am wichtigsten sind in einer Farbe deiner Wahl.

Bekannte: ______________________________

Geschichte: ______________________________

Politik: ______________________________

Familie: ______________________________

Fernsehen: ______________________________

Politik: ______________________________

ICH

Sport: ______________________________

Verwandte: ______________________________

Freunde: ______________________________

Wissenschaft: ______________________________

Pflege: ______________________________

Kunst: ______________________________

KOHL VERLAG Lernen mit Erfolg
ARBEITSHEFT ETHIK
Band 2: Das eigene Leben gestalten – Bestell-Nr. 13 093

4 Die Frage nach dem Sinn des Lebens

Was ist das Leben?

An einem schönen Sommertag war um die Mittagszeit eine Stille im Wald eingetreten. Alles Lebendige schien für eine Weile innezuhalten. Da steckte der Buchfink sein Köpfchen hervor und fragte: „Was ist das Leben?“ Im Nu schwand alle Ruhe dahin. Jegliche Kreatur war tief betroffen über diese schwere Frage. Eine Rose entfaltete gerade ihre Knospe und schob behutsam ein Blatt ums andere heraus. Sie sprach: „Das Leben ist eine Entwicklung.“ Leichter veranlagt war der Schmetterling. Heiter flog er von einer Blume zur anderen, naschte da und dort und sagte: „Das Leben ist lauter Freude und Sonnenschein.“ Drunten am Boden schleppte sich eine Ameise mit einem Strohhalm, zehnmal länger als sie selbst, und sagte: „Das Leben ist nichts als Mühe und Arbeit.“ Vorbei kam eine Biene auf dem Heimweg von einer gelben Blume und meinte dazu: „Das Leben ist ein Wechsel von Arbeit und Vergnügen.“ Wo so kluge Reden geführt wurden, steckte der Maulwurf seinen Kopf aus der Erde und sagte: „Das Leben ist ein Kampf im Dunkeln.“ Die Elster, die selbst nichts weiß und nur vom Spott über andere lebt, sagte. „Was ihr für weise Reden führt! Man sollte meinen, dass ihr sehr gescheite Leute seid!“ Es hätte nun einen großen Streit gegeben, wenn nicht ein feiner Regen eingesetzt hätte, der sagte: „Das Leben besteht aus Tränen, nichts als Tränen.“ Der Regen zog weiter zum Meer. Dort brandeten die Wogen und warfen sich mit aller Gewalt gegen die Felsen, kletterten daran in die Höhe, fielen mit gebrochener Kraft ins Meer zurück und stöhnten: „Das Leben ist ein stetes vergebliches Ringen um Freiheit.“ Hoch über ihnen zog majestätisch ein Adler seine Kreise: „Das Leben ist ein Streben nach oben.“ Nicht weit davon stand eine Weide, die hatte der Sturm schon zur Seite geneigt. Sie sprach: „Das Leben ist ein Sich-Neigen unter eine höhere Macht.“
In der Nacht ging ein Mann durch die menschenleeren Straßen nach Hause. Er kam von einer Lustbarkeit und sagte vor sich hin: „Das Leben ist ein ständiges Suchen nach Glück und eine Kette von Enttäuschungen.“ Auf einmal flammte in ihrer strahlenden Schönheit die Morgenröte auf. Sie sprach: „Wie ich, die Morgenröte, der Beginn des kommenden Tages bin, so ist das Leben der Anbruch der Gotteszeit.“

Dietrich Steinwede

Viele der nachstehend aufgeführten Dinge sind notwendig. 1. Schreibe unter jedes Bild den passenden Begriff. 2.Wähle die für dich wichtigsten Aspekte aus und erstelle eine Rangfolge.

4 Die Frage nach dem Sinn des Lebens

Verborgene Sinnfrage

Der Mensch ist in vielen Dingen, die er tut, auf der Suche nach dem Sinn. Oft weiß er dies nicht einmal. Sein Fragen nach Sinn versteckt sich in Situationen. Hinter vordergründigen Fragen verbirgt sich die Suche nach tieferen, umfassenderen Antworten. Da überlegt sich einer, welche Schule er besuchen soll: Wie groß sind die Chancen, dass ich die Schule schaffe? Wie lange wird die Ausbildung dauern? Wie gut sind die Berufschancen? Was verdiene ich, wenn ich fertig bin? Und hat sich die Schule von daher gelohnt? Solche Fragen scheinen oberflächlich zu sein. Wer aber genauer hinschaut, entdeckt, dass in diesen Fragen versteckt, aber sehr wirksam, Tieferes gefragt wird: Was passt zu mir? Um was geht es mir in meinem Leben? Um Lebensgenuss zu herabgesetzten Preisen? Um einen Beruf, in dem ich mit mir selbst übereinstimme und mich selbst verwirkliche?

Von einem alten chinesischen Kaiser

Von einem alten chinesischen Kaiser wird berichtet, dass er das Land seiner Feinde erobern und sie alle vernichten wollte. Später sah man ihn mit seinen Feinden speisen und scherzen.

„Wolltest du nicht die Feinde vernichten?“ fragte man ihn.

„Ich habe sie vernichtet“, gab er zur Antwort, „denn ich machte sie zu meinen Freunden!“

Es gibt viele Situationen, in denen man das Fragen nach dem Sinn entdecken kann. Einer verliert seinen Arbeitsplatz und fragt: Warum gerade ich? Was wird mit meiner Familie? Einen anderen ödet seine Freizeitbeschäftigung an. Alles ist langweilig. Bringt nichts. Er fragt sich: Was will ich denn eigentlich? Einem anderen zerbricht eine Freundschaft. Er fragt: Warum mag mich niemand? Was mache ich eigentlich falsch? Wieder ein anderer ist stark verunsichert durch Meldungen aus der Zeitung oder dem Fernsehen. Er fragt: „Wann werden wir unsere Welt zerstört haben?“

Seit vielen tausend spielt sich auf unserem Planeten ein scheinbar immer gleiches Schauspiel ab: Menschen werden geboren, wachsen heran, ergreifen einen Beruf, heiraten, gründen eine Familie oder auch nicht, werden älter und sterben eines Tages. Rückblickend auf all die Jahrhunderte mag sich mancher die Frage stellen, wozu das wohl alles gut gewesen sein soll, vor allem angesichts der vielen Entbehrungen, die Menschen früherer Zeiten vielfach auf sich nehmen mussten.

Worin siehst du den Sinn des Lebens?

Alle diese Fragen sind Ausdruck der einen Frage: Wo liegt der Sinn des Lebens? Einen ersten Hinweis können wir den Wörterbüchern entnehmen. Das deutsche Wort »Sinn« geht nach seiner Wortgeschichte auf das althochdeutsche »sinan« = „reisen, auf dem Wege sein“ zurück. Sinn ist demnach der Reiseweg, auf dem einer sich befindet, zugleich das Ziel, auf das er sich zubewegt.

Von hier aus können wir die Sinnfrage aufschlüsseln: Wohin bin ich eigentlich unterwegs mit meinem Leben? Was ist mir wichtig, wofür nehme ich mir Zeit?

4 Die Frage nach dem Sinn des Lebens

Facetten menschlichen Lebenssinns

Beispiel: Stell dir vor, es gäbe Tickets, mit denen man sich Wünsche und Lebensziele erfüllen könnte und du könntest sie verkaufen wie z. B.

• den Traummann finden und mit ihm glücklich sein, • Kinder haben, • eine Villa besitzen, • gute Freunde haben, • einflussreich und von Bedeutung sein, • gesund bleiben, • attraktiv sein, • auf dem Land leben, • viel Geld besitzen, • Menschen in Not helfen, • beruflich erfolgreich sein, • von anderen gebraucht werden, • von Kollegen geachtet und geschätzt werden, • fremde Länder bereisen, • auf tolle Partys gehen, • etwas Großes im Leben erreichen, • nicht mehr arbeiten zu müssen ...

1. ***Welche der nachfolgenden Wünsche würdest du anbieten. Begründe deine Meinung!***
2. ***Ergänze die Liste der Lebensziele und erstelle eine Preisliste. Versuche für die einzelnen Ziele Preise zu finden, die deiner Ansicht nach ihrem Wert entsprechen.***
3. ***Stelle dir vor, du dürftest dir drei Lebenswünsche aussuchen. Welchen wären dies? Erstelle eine Rangliste. Welchen Wunsch würdest du von seinem Preis abhängig machen?***
4. ***Glaubst du, die Menschen wären dadurch glücklicher, wenn sie sich alle Lebenswünsche kaufen könnten? Begründe deine Ansicht!***

Heinrich Heines Gedicht `Fragen´

Fragen
Am Meer, am wüsten, nächtlichen Meer
Steht ein Jüngling-Mann
Die Brust voller Wehmut, das Haupt voller Zweifel,
Und mit düstern Lippen fragt er die Wogen:
„Oh löst mir das Rätsel des Lebens,
Das qualvoll uralte Rätsel,
Worüber schon manche Häupter gegrübelt,
Häupter in Hieroglyphenmützen.
Häupter im Turban und schwarzem Barett,
Perückenhäupter und tausend andre
Arme, schwitzende Menschenhäupter –
Sag mir, was bedeutet der Mensch?
Woher ist er gekommen? Wo geht er hin?
Wer wohnt dort oben auf goldenen Sternen?“
Es murmeln die Wogen ihr ew´ges Gemurmel,
Es wehet der Wind, es fliehen die Wolken,
Es blinken die Sterne, gleichgültig und kalt,
Und ein Narr wartet auf Antwort.“

1. ***Beschreibe in wenigen Sätzen den Inhalt des Gedichtes.***
2. ***Mit welchen Fragen beschäftigt sich der Jüngling in Heinrich Heines Gedicht? Welchen Eindruck erweckt es bei dir?***
3. ***Welche Symbole und Bilder verwendet Heinrich Heine in seinem Gedicht?***
4. ***Weshalb ist im letzten Vers von einem `Narren´ die Rede?***
5. ***Wer könnte mit dem `Narr´ gemeint sein?***

1. ***Es gibt viele Dinge, die Menschen in ihrem Leben anstreben. Was aber kann man sich darunter vorstellen, wenn jemand nach der Möglichkeit strebt, sich in seinem Leben selbst zu verwirklichen?***
2. ***Welche Fähigkeiten benötigt ein Mensch, um sich selbst verwirklichen zu können?***

ARBEITSHEFT ETHIK
Band 2: Das eigene Leben gestalten • Bestell-Nr. 13 093
KOHL VERLAG

4 Die Frage nach dem Sinn des Lebens

Das Leben hat immer einen Sinn – Viktor Frankl

Der Neurologe und Psychiater Professor Dr. med. Viktor Frankl (1905-1997) war ein ungewöhnlicher Mensch mit einem ungewöhnlichen Leben und ungewöhnlichen Ansichten.

Er überlebte drei Konzentrationslager, machte mit 67 Jahren seinen Flugschein und war begeisterter Bergsteiger – und hat die Logotherapie, die „Heilung durch Sinnfindung" entwickelt. Eines seiner bekanntesten Bücher ist das im Jahr 1946 erschienene Werk „*... trotzdem Ja zum Leben sagen. Ein Psychologe erlebt das Konzentrationslager*". In diesem Werk schilderte er seine Erlebnisse und Erfahrungen in verschiedenen Konzentrationslagern.

Frankl behauptete: „Das Leben hat immer einen Sinn. Nicht nur das Schaffen, das Handeln, das Tun ist sinnvoll. Nicht nur das Genießen, das Erleben, die Begegnung mit Menschen. Selbst dann, wenn ein Mensch mit einem unabänderlichen Schicksal konfrontiert wird, mit einem unheilbaren Leiden, kann er noch einen Sinn finden, indem er eine tragische Situation in einen menschlichen Triumph verwandelt."

Viktor Frankl wusste, dass gerade heute viele Menschen an der Sinnlosigkeit leiden. „Wir haben Arbeit, Geld, Freiheit, Freizeit. Die Wohlstandsgesellschaft hat alles zum Leben, aber nichts mehr, wofür sie leben kann." Das liegt nach Frankl am Verfall der Tradition. „Im Gegensatz zum Tier sagen dem Menschen keine Instinkte mehr, was er tun muss und im Gegensatz zu früher sagen ihm heute keine Traditionen mehr, was er tun soll." Die Folge: Man tut, was alle tun (Konformismus), oder man tut, was andere von ihm wollen (Totalitarismus).

Wie findet man Sinn? Frankl: „Kein Tier hat jemals nach einem Lebenssinn gefragt. Aber der Mensch, der aus geistiger Mündigkeit heraus den Mut hat, nach dem Sinn seines Lebens zu fragen, der muss auch Geduld haben und warten können, bis er ihm eines Tages bewusst wird. Denn den Sinn des Lebens als solches gibt es nicht. Sinn kann man nicht erfinden. Man muss ihn finden."

Da Viktor Frankl jüdischer Abstammung war, wurden er, seine Frau und seine Eltern in Konzentrationslager deportiert. Drei Jahre Konzentrationslager: Dachau, Auschwitz, Theresienstadt. Seine Eltern, sein Bruder, seine Frau starben dort. Ich habe mir gedacht: „Wenn ein Verzweifelter liest, dass da irgendjemand in Auschwitz war und selbst dort – angesichts der Gaskammern – seinen Glauben an seinen Lebenssinn niemals aufgegeben hat, dann glaubt er es ihm."

Viktor Frankl lehrte an Universitäten, schrieb Bücher und hielt Vorträge, aber er suchte auch das Gespräch mit Selbstmordgefährdeten, Strafgefangenen, vereinsamten alten und verzweifelten jungen Menschen.

Zeige auf, welchen Weg Victor Frankl vorschlägt, um schwierige Zeiten im Leben durchzustehen.

Ausrichtung auf Gott

Der letzte Sinn unseres Lebens besteht nicht darin, diesen oder jenen Beruf korrekt auszuüben, mehr oder weniger alt zu werden oder zur Erhaltung des Menschengeschlechtes beizutragen und dann aus dem Leben zu scheiden; wir sind letztlich auf Erden, um als Partner die Liebe Gottes zu erfahren und zu erwidern. Davon steckt eine Ahnung in jedem Menschen; das ist es, was ihn ständig unruhig suchen, was ihn nie mit sich und dem nur Irdischen zufrieden werden lässt. Ein solcher Urtrieb ist nicht ohne Ziel und sinnlos, sonst wäre der Mensch das am meisten genarrte Geschöpf, das man sich denken kann. Wie ein Wanderer sich nach einem Kompass richtet, um sein Ziel nicht zu verfehlen, so haben auch wir Menschen uns nach dem untrüglichen Kompass dieser Sehnsucht zu richten, die sich immer wieder auf das Ziel, auf Gott hin, einspielt.

Ferdinand Kreuzer

ARBEITSHEFT ETHIK
Band 2: Das eigene Leben gestalten – Bestell-Nr. 13 093

4 Die Frage nach dem Sinn des Lebens

Verfehlte Sinnsuche – Sekten

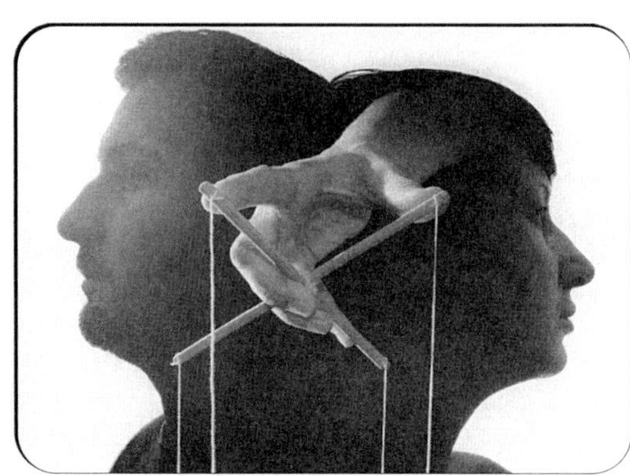

1. ***Lass das Bild auf dich wirken und halte die Gedanken fest, die dir bei der Darstellung in den Sinn kommen.***
2. ***Finde Redewendungen und Begriffe, die sich mit diesem Bild verbinden und diskutiere, was sie im Hinblick auf Freiheit bedeuten.***
3. ***In wieweit kann man dieses Bild mit dem Begriff „Sekte“ in Verbindung bringen? Erläutere den Begriff „Sekte“.***
4. ***Bildet Gruppen und sucht euch eine bestimmte Sekte aus wie z. B. Universelles Leben Zeugen Jehovas, Scientology, Kinder Gottes etc. Recherchiert zu den einzelnen Sekten folgende Informationen: Gründer der Sekte, Inhalt des Glaubens oder der Heilslehre, Mitgliederzahl und Verbreitung der Sekte in verschiedenen Ländern. Stellt eure Ergebnisse der Klasse vor.***

Beispiel: Petra erzählt ihrem Vater vom derzeitigen Unterrichtsstoff im Fach Ethik. Sein trockener Kommentar: „Lieber noch Hexen- und Druidenkulte und dabei um das Feuer herumtanzen als Psychogruppen wie Universelles Leben oder Scientology, die einem das Gehirn waschen!“

Was hältst du von einer solchen Einstellung? Diskutiere die Aussage kritisch!

Der Weg in eine Sekte

Der Weg in eine Sekte erfolgt in der Regel in vier Schritten. Versuche diese anhand des folgenden Berichts eines ehemaligen Mitglieds der Zeugen Jehovas herauszufinden.

„In Essen wurde ich auf der Straße von einer jungen Frau der Sekte Jehovas angesprochen. Ihre liebevolle Ausstrahlung faszinierte mich und so folgte ich ihrer Einladung in das Essener Zentrum der Zeugen Jehovas. Ich hatte keine Lust mehr acht Stunden am Tag zu arbeiten und mit meinen Eltern gab es oft Streit. Irgendwie wollte ich weg. In einem langen Gespräch mit der jungen Frau kam ich überein, dass unsere Gesellschaft total kaputt sei und es nicht mehr lohne, nur für Geld zu arbeiten und zu leben. Endlich glaubte ich, eine Gruppe gefunden zu haben, die die Probleme unserer Zeit erkannte und wusste, was der wirkliche Sinn des Lebens war. Ich besuchte die Zeugen Jehovas immer regelmäßiger und kündigte schließlich mein Arbeitsverhältnis, löste meine Konten auf und gab mein ganzes Geld der Sekte. Von nun an musste ich bis zu acht Stunden täglich die wichtigsten Zeitschriften der Sekte `Wachtturm´ und `Erwachet´ in der Fußgängerzone an die Leute verteilen und für neue Mitglieder werben. Der Rest des Tages war mit Beten und intensiven Lesen ihrer Bibel ausgefüllt. Ich hatte keine Zeit mehr darüber nachzudenken, was ich eigentlich tat. Bei Zweifeln riet man mir, intensiver zu beten. Ich wollte zweimal die Sekte verlassen, doch nach Gesprächen wurde mir klar, dass ich in mein bisheriges Leben nicht mehr zurückkonnte. Kontakte zu Eltern und früheren Freunden hatte ich längst abgebrochen.“

KOHL VERLAG ARBEITSHEFT ETHIK Band 2: Das eigene Leben gestalten – Bestell-Nr. 13 093

4 Die Frage nach dem Sinn des Lebens

Wie verzaubert, betäubt und berauscht – Jugendsekten

Als „giftige Droge“ einzuordnen, sind im Urteil vieler Elterninitiativen die sogenannten Jugendsekten, von den Kindern Gottes bis zu Transzendentalen Meditation.
Aussagen von Eltern, deren Kinder in einer Sekte sind:

„Unsere Tochter lebt seit Mai vorigen Jahres nicht mehr in Deutschland. Wir haben zu ihr keinen Kontakt und nehmen an, dass sie zu der Sekte nach Spanien gezogen ist. Ob wir sie jemals zurückbekommen, glauben wir fast nicht mehr. Es ist für uns unfassbar, dass sie auf solche Menschen hereinfallen konnte.“

„Nach dem Sektenaustritt war unser Sohn drei Monate in der Nervenklinik. Die behandelten Ärzte bestätigten, dass der Krankheitsverlauf anders als üblich ist, messen aber der Sektenzugehörigkeit keine Bedeutung zu. Während der Behandlung sprach M. fast ausschließlich von Moon und der Vereinigungskirche.“

„Petra hat ihre Ausbildung fristlos gekündigt und hat alle ihr Vermögen den Kindern Gottes übereignet. Ihre guten Beziehungen zu Elternhaus, Geschwistern und Freunden wurden systematisch zerstört. Selbstbewusstsein und Selbstachtung hat man ihr genommen. Verstrickt in ein Netz von Lügen und Betrug, wird sie umhergeschickt, um für die Sektenbosse Geld herbeizuschaffen.“

1. ***Nenne und beschreibe anhand ihrer Gefährlichkeit die Merkmale von Jugendsekten.***
2. ***Wen wollen die Jugendsekten ansprechen?***
3. ***Warum treten junge Menschen diesen Sekten bei?***
4. ***Welche Gefahren entstehen durch den Kontakt mit Jugendsekten?***
5. ***Nenne negative Begleiterscheinungen der Sektenmitglieder.***
6. ***Zeichne und gestalte Warnhinweise vor Sekten, in denen du die verschiedenen Gefahren solcher Gruppierungen symbolisch deutlich machst.***

Massensuizid der Sonnentempler in der Schweiz

In der Nacht zum 05. Oktober 1994 ereignete sich ein unfassbares Drama. 48 Mitglieder der Sekte der Sonnentempler begingen kollektiven Selbstmord. Die Sekte verstand sich als eine Art Geheimbund, der die Welt vor dem Werteverfall und der Klimakrise retten wollte. Doch mit der Zeit machte sich innerhalb der Sekte Resignation breit. Der Suizid sollte sie vor dem bestehenden Weltuntergang retten. Sie planten den Transit zum Planeten Sirius. Dort wollten sie wiedergeboren werden, um eine neue Menschheit zu begründen.

1. ***Nenne Gründe für den kollektiven Selbstmord in der Sekte.***
2. ***Welche Gründe könnte ein Sektenführer zur Anordnung einer solchen grausamen Maßnahme haben?***
3. ***Unter welchen Bedingungen oder Umständen fügen sich die Sektenmitglieder einer solchen Anordnung?***

4 Die Frage nach dem Sinn des Lebens

Austritt aus einer Sekte

Viele Menschen glauben, dass man aus einer Sekte problemlos austreten kann. Die Realität sieht jedoch anders aus. Die Sekten setzen alles daran, das Mitglied zu überzeugen, dass der Austritt aus ihrer Gemeinschaft zu einer persönlichen Katastrophe führen würde. Hinzu kommt, dass die meisten Sektenmitglieder alle früheren Kontakte zur Außenwelt abgebrochen haben. Sie haben ihren Beruf aufgegeben und ihr ganzes Vermögen der Sekte überlassen. Beim Austritt stehen sie ohne festes Einkommen und Unterkunft da. Zudem befürchten sie wieder in die gleichen Probleme von vor dem Sekteneintritt zu geraten, wie Drogen, Arbeitslosigkeit oder Einsamkeit. Die Betroffenen haben auch Angst vor dem Neuanfang in der Welt außerhalb der Sekte. Deshalb benötigen sie Menschen, die sie beim Austritt aus der Sekte und beim Aufbau eines neuen Lebens begleiten und unterstützen.

Fallbeispiele:

„Der 17-jährige Ralf will aus der Scientology-Sekte austreten. Er fühlt sich durch die Sekte ausgenutzt, weiß aber nicht, wie er den Schritt aus der Sekte schaffen kann. Ohne Freunde und Familie, die ihn unterstützen, fühlt er sich der Aufgabe nicht gewachsen."

„Der 14-jährigen Till ist mit seiner Mutter nach Dänemark in eine Gemeinschaft des Universellen Lebens gezogen. Er findet das Leben in der Sekte furchtbar. Auch seine Mutter ist inzwischen enttäuscht, doch sie weiß nicht, wie sie sich ein Leben außerhalb der Sekte aufbauen soll."

„Die 15-jährige Svenja ist durch die Familie ihrer besten Freundin zu den Scientologen geraten. Ihre Mutter sucht eine Sektenberatungsstelle auf. Besonders besorgt ist sie darüber, dass Svenja die Schule und ihre Freunde aufgegeben hat und nur noch vom Weltuntergang spricht."

1. ***Überlege dir Gründe, warum es so schwer ist, aus einer Sekte wieder auszutreten?***
2. ***Wo können Sektenmitglieder Hilfe beim Austritt aus der Sekte bekommen?***
3. ***Beschreibe mögliche Probleme ehemaliger Sektenmitglieder.***

Bericht von Eltern eines ehemaligen Mitglieds der Moon-Sekte

Unser Sohn studierte an einer Universität in Baden-Württemberg Sprachen. Dort sprachen ihn Anhänger der Moon-Sekte an. Er ging dort öfters in das Zentrum und diskutierte mit ihnen. Er ließ sich überreden einen einwöchigen Trainingskurs mitzumachen. Dabei wich schon nach wenigen Tagen seine anfängliche Skepsis einer Begeisterung, die zum Eintritt in die Sekte führte. Er gab sein Studium auf, um als Missionar auf die Straße zu gehen und nur für die Ziele dieser Sekte zu leben. Wir waren entsetzt. Schon allein seine Argumentation: „Ich habe den Sinn meines Lebens gefunden, ein anerkannter Beruf ist mir nicht wichtig. Sprachen kann ich dort besser lernen und überhaupt: „In einigen Jahren besteht die Welt nicht mehr." Er kam uns vor, wie vorprogrammiert. Alle unsere Vorhaltungen und logischen Folgerungen nahm er nicht zur Kenntnis. Da wir mit seinem momentanen Leben nicht einverstanden sind, sah er in uns seine ärgsten Feinde. Als wir ihn nach Jahren aus dieser Sekte herausholten, war er physisch und psychisch am Ende. Sein Humor, seine Flexibilität und sein Realitätsgefühl waren ihm völlig abhanden gekommen. Für Sport oder andere Hobbys zeigte er kein Interesse mehr. Er wirkte depressiv und desillusioniert. Seine früheren Freunde hatte er alle aufgegeben, auch gegenüber seinen Geschwistern verhielt er sich sehr reserviert. Er war nicht mehr der Sohn, den wir kannten.

1. ***Über welche negativen Veränderungen ihres Sohnes berichten die Eltern?***
2. ***Informiere dich im Internet über die Moon-Sekte/Vereinigungskirche anhand folgender Kriterien: Gründer, Hauptsitz, Buch, Mitglieder, Methode, Ziel und Lehre.***
3. ***Stelle Kritikpunkte an der Moon-Sekte näher dar.***

ARBEITSHEFT ETHIK
Band 2: Das eigene Leben gestalten • Bestell-Nr. 13 093
KOHL VERLAG

5 Das Ehrenamt

Freiwilliges Engagement Jugendlicher

Nach einer Befragung engagieren sich in Deutschland fast die Hälfte aller jungen Menschen zwischen 14 und 25 freiwillig.

1. *Überlege dir Gründe, warum sich Jugendliche freiwillig engagieren und notiere sie in die Kreise.*

2. *Wo engagieren sich Jugendliche?*

Religion und Kirche	***24 %***
Sozialer Bereich	***20 %***
Sammlung von Geld und Sachspenden	***19 %***
Schule	***11%***
Unfall- und Rettungsdienst	***8 %***
Sport	***8 %***
Politik	***3 %***
Sonstiger Bereich	***7 %***

3. *In welchen Bereichen würdest Du dich engagieren und warum? Begründe deine Ansicht!*

5 Das Ehrenamt

Informationen über das Ehrenamt

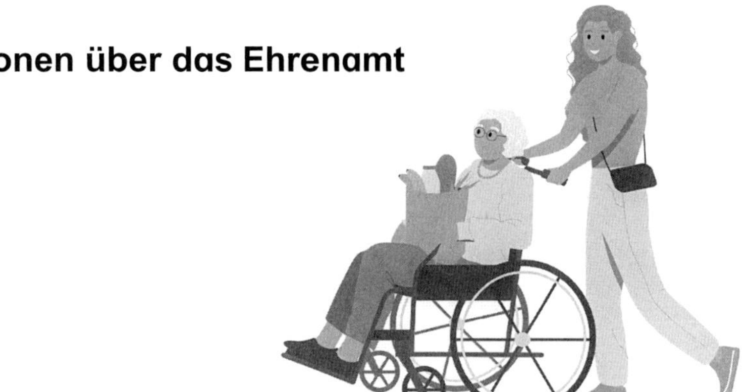

1. ***Erläutere den Begriff `Ehrenamt´ und nenne Aufgaben, die man als Jugendlicher in der Alten-, Familien- und Behindertenhilfe übernehmen kann.***
2. ***Informiere dich, wie viele Menschen europaweit ein Ehrenamt ausüben, wie viele in Deutschland?***
3. ***Das Jahr 2011 wurde vom Rat der europäischen Union zum Jahr der Freiwilligentätigkeit erklärt. Überlege dir hierfür Gründe.***
4. ***Beschreibe die Bedeutung des Ehrenamtes für unsere heutige Gesellschaft.***
5. ***Wie sähe unser Leben aus, wenn sich niemand für einen anderen engagieren würde?***
6. ***Erstelle eine Liste mit Ämtern und Funktionen, in denen man sich als Schüler sozial engagieren kann***
   a) ***in der Schule,***
   b) ***in der Nachbarschaft,***
   c) ***im Sportverein,***
   d) ***in Hilfsorganisationen wie z. B. Tierschutz, Diakonie, Caritas, Sanitätsdienst, der Freiwilligen Feuerwehr etc.***

7. ***Diskutiere, was Mitschüler bewegt, solche Funktionen zu übernehmen.***
8. ***Auch prominente Sänger und Schauspieler setzen sich ehrenamtlich für andere ein. Recherchiere im Internet und suche nach Beispielen.***

Der Jugendfreiwilligendienst im Ausland

Entdecke die Welt, lerne fremde Kulturen kennen, erweitere deinen Horizont, helfe Menschen in Entwicklungsländern – mit diesen und ähnlichen Slogans werben verschiedene Jugendfreiwilligendienste für eine Tätigkeit im Ausland. Die Jugendlichen sollen an sozialen, kulturellen und ökologischen Projekten im Ausland mitarbeiten und ein fremdes Land und seine Kultur kennenlernen.

1. ***In welchen Bereichen können Jugendliche freiwillig im Ausland arbeiten?***
2. ***Erörtere Argumente für und gegen einen Freiwilligendienst im Ausland.***
3. ***Welche Fähigkeiten können die Betreffenden bei einem solchen Auslandsprojekt erwerben?***
4. ***Auf was sollte man bei der Übernahme einer Freiwilligenarbeit im Ausland achten?***

ARBEITSHEFT ETHIK
Band 2: Das eigene Leben gestalten – Bestell-Nr. 13 093
KOHL VERLAG

6 Die Ängste

Allgemeines zur Angst

Der Schrei – Gemälde von Eduard Munch

Angst gehört zu den neuen Zivilisationskrankheiten. Immer mehr Menschen leiden heute bei uns dauerhaft unter krankhaften Phobien und unter panikartigen Zuständen. In der Folge kommt es oft zu Medikamenten- und Alkoholabhängigkeit, zum Verlust der sozialen Bezüge bis hin zur völligen Vereinsamung, in manchen Fällen sogar zum Suizid.
Neben solchen krankhaften Formen aber greifen in unserer Gesellschaft „alltägliche" Ängste immer mehr um sich. Insgesamt machen sich Ängste vor der Zukunft überhaupt und Zweifel am Fortschrittsglauben breit. Hinzu kommt die Angst vor Arbeitslosigkeit, vor Gewalt, die Angst vor der Anonymität unserer Großstädte, die Angst vor dem Alleinsein, die Angst vor dem Fremden und Unbekannten ... Auf viele Menschen scheinen diese Ängste lähmend zu wirken. Sie ziehen sich in ihren individuellen und privaten Bereich zurück.
Auf der anderen Seite aber lässt sich auch feststellen, dass Ängste verdrängt werden. Man gibt sich „cool" und unangreifbar. Angst und Verletzbarkeit darf man nicht zeigen; nur Stärke ist gefragt und verspricht Erfolg.
Doch Angst ist nicht nur ein unangenehmes Gefühl, das man loswerden möchte. Angst ist – biologisch gesehen – zunächst ein Warnsignal. Es hilft uns, in gefährlichen Situationen zu überleben, oft schlicht und ergreifend durch rechtzeitige Flucht.
Wie gehen wir mit unserer Angst um? Dazu stellen sich eine Fülle von Fragen, die uns ganz persönlich betreffen: Versuchen wir, sie möglichst um jeden Preis, loszuwerden? Verdrängen wir möglichst all das, was uns Angst macht? Verschließen wir die Augen davor? Oder lassen wir uns von unserer Angst anrühren und in Bewegung setzen? Stellen wir uns unserer Angst oder weichen wir ihr aus? Wie können wir die Angst, die uns zerstört, von solcher Angst unterscheiden, die uns weiterbringt? Wie kann es uns gelingen, die Angst vor der Angst zu überwinden?

Angst gehört zum Leben

Ängste sind etwas Natürliches und gehören zum Leben dazu wie Essen und Trinken. Von Mensch zu Mensch unterschiedlich sind jedoch der Auslöser der Angst – das „Wovor" – und die Intensität, mit der Angst erlebt wird. Grundsätzlich unterscheidet man zwischen Ängsten mit einem konkreten Auslöser wie der Angst vor Feuer, Tiefe, Hunden, Alleinsein, Versagen, Missachtung usw. und der „Angst ohne Namen". Sie ist schlimmer als die genau umschreibbare Angst. Man hat Angst, aber man weiß nicht warum. Man hat nicht Angst, sondern die Angst „hat einen". Die „Angst ohne Namen" hat meistens eine lange Vorgeschichte. Viele Betroffene hatten eine schwierige Kindheit, fühlten sich nie „richtig angenommen".

Angst – ein Schutzmechanismus

So lästig das Gefühl der Angst auch ist, sehr oft steht sie im Dienst des Lebens. Sie tritt als ein geradezu automatischer Mechanismus auf, wenn das Leben in Gefahr ist. Dem Lebewesen wird es möglich, sich viel rascher, als es ohne Angst möglich wäre, von der Gefahrenquelle fortzubewegen oder einen kraftvollen „Gegenangriff" auf den „Angreifer" zu starten, der die Angst auslöste.

ARBEITSHEFT ETHIK
Band 2: Das eigene Leben gestalten – Bestell-Nr. 13 093

KOHL VERLAG

6 Die Ängste

Ängste der Jugendlichen

Es gibt viele Ängste. Es gibt Menschen, die vor Angst krank sind. Diese Liste haben Jugendliche mit ihren eigenen Erfahrungen zusammengestellt.

Ich habe Angst

1. ☐ vor einem Unfall.
2. ☐ vor dem Zahnarzt und vor Schmerzen.
3. ☐ bei der Arbeit beobachtet zu werden.
4. ☐ kritisiert zu werden.
5. ☐ vor dem Gefühl, von anderen abgelehnt zu werden.
6. ☐ in einer Gruppe von Menschen unpassend angezogen zu sein.
7. ☐ vor Misserfolg beim anderen Geschlecht.
8. ☐ vor Prüfungssituationen.
9. ☐ in der Schule oder im Betrieb zu versagen.
10. ☐ im Leben zu versagen.
11. ☐ vor der Arbeitslosigkeit.
12. ☐ vor brutal aussehenden Menschen.
13. ☐ vor Menschen mit Behinderungen.
14. ☐ kranke Menschen anzusehen.
15. ☐ vor Terroristen.

Die Leute haben Angst

16. ☐ Polizisten zu begegnen.
17. ☐ vor Autoritätspersonen.
18. ☐ vor Menschen, die wütend sind.
19. ☐ arm zu sein und Schulden zu haben.
20. ☐ vor Umweltverschmutzung.
21. ☐ vor der Zukunft.
22. ☐ vor dem Sterben.
23. ☐ vor dem Klimawandel.
24. ☐ einem anderen ihre Zuneigung zu zeigen.
25. ☐ vor dem Krieg in Europa.
26. ☐ vor Naturkatastrophen.
27. ☐ sich von vertrauter Umgebung trennen zu müssen.
28. ☐ über ihre Ängste, Probleme und Hemmungen zu sprechen.
29. ☐ anderen Menschen weh zu tun.
30. ☐ vor ihrer Angst (und verdrängen sie durch Arbeit, Betriebsamkeit, Lärm, Alkohol ...).

1. ***Kreuze die Nummern an, die deinen eigenen Ängsten am ehesten entsprechen.***
2. ***Schreibe die Nummern heraus, die deiner Meinung nach am weitesten verbreitet sind.***
3. ***Diskutiere das Ergebnis in der Gruppe und versuche zu ergründen, woher die meistgenannten Ängste kommen.***
4. ***Informiere Dich aus dem Internet über die Ängste der heutigen Jugendlichen und erstelle eine Grafik.***
5. ***Überlege, was man tun kann, um Ängste zu überwinden.***

ARBEITSHEFT ETHIK Band 2: Das eigene Leben gestalten – Bestell-Nr. 13 093
KOHL VERLAG

6 Die Ängste

Über die Ängste der Deutschen

Noch nie waren die Deutschen so besorgt wie heute. Corona, Ukrainekrieg, weltweit steigende Flüchtlingszahlen, Inflation, Rezession und Klimakrise – Anlass zur Sorge gibt es genug. Die Deutschen haben im Jahr 2022 besonders mit existenziellen Ängsten zu kämpfen.

Doch wovor fürchten sich die Deutschen am meisten? Das zeigt die repräsentative Langzeitstudie „Ängste der Deutschen 2022“ des Infocenters der R+V Versicherung, die am 13. Oktober 2022 in Berlin vorgestellt wurde.
Im Rahmen der Studie wurden mehr als 2400 Menschen nach ihren größten Sorgen rund um Politik, Wirtschaft, Umwelt, Familie und Gesundheit befragt. Die Befragung fand vom 13. Juni bis 23. August 2022 statt und kam zu folgenden Ergebnissen:

Die sieben größten Ängste der Deutschen 2022	
1 Steigende Lebenshaltungskosten	67 %
2 Wohnen in Deutschland unbezahlbar	58 %
3 Schlechtere Wirtschaftslage	57 %
4 Steuererhöhungen / Leistungskürzungen durch Corona	52 %
5 Kosten der Steuerzahler durch EU-Schuldenkrise	51 %
6 Naturkatastrophen / Wetterextreme	49 %
7 Weltweit autoritäre Herrscher werden immer mächtiger	47 %

(repräsentative Langzeitstudie 2022: „Die Ängste der Deutschen“, Infocenter der R+V Versicherung)

1. ***Welche der hier aufgeführten Themen bereiten dir Sorgen? Begründe deine Ansicht!***
2. ***Bist du mit deiner aktuellen Lebenssituation zufrieden? Was würdest du ändern wollen?***
3. ***Mit wem kannst du über deine Ängste sprechen?***
4. ***Fühlst du dich bei den Politikern mit deinen Ängsten ernst genommen?***
5. ***Einer aktuellen Umfrage zufolge sind gut drei Viertel der Menschen in Deutschland mit der derzeitigen Politik unzufrieden. Überlege dir hierfür Gründe!***
6. ***Welche politischen Themen sind für dich und dein Leben von Bedeutung?***

6 Die Ängste

Martin Luther King überwindet die Angst

Martin Luther King

- geboren 1929 in Atlanta (USA)
- Studium der Philosophie und Theologie
- 1954 Pfarrer einer Baptistengemeinde
- 1955 Doktor der Philosophie
- gründete die Bewegung für den gewaltlosen Kampf gegen die Unterdrückung der schwarzen Menschen in den USA

Sein Einsatz für die Gleichberechtigung von Menschen mit dunkler Hautfarbe in den Vereinigten Staaten brachten Martin Luther King Hass, Verleumdung, Verfolgung, sogar Gefängnisstrafen ein. Eines Tages wurde ihm per Telefon eine Mordandrohung übermittelt. Darüber berichtet er:

„Ich hängte ab, aber ich konnte nicht schlafen. Es war mir, als bräche alle Angst und Not der letzten Wochen auf einmal über mich herein. Ich war am Ende meiner Kraft. Ich saß am Küchentisch und grübelte darüber nach, wie ich von der Bildfläche verschwinden könnte, ohne als Feigling zu erscheinen. In diesem Zustand äußerster Erschöpfung und völliger Mutlosigkeit legte ich Gott meine Not hin. Den Kopf in den Händen, betete ich laut. Die Worte in dieser mitternächtlichen Stunde sind mir noch in lebendiger Erinnerung: „Herr, ich glaube, dass ich für eine gerechte Sache kämpfe, aber ich habe jetzt Angst. Ich kann nicht mehr weiter. Ich habe einen Punkt erreicht, wo ich es allein nicht mehr schaffe." In diesem Augenblick erlebte ich die Stimme Gottes wie nie zuvor. Mir war, als hörte ich eine innere Stimme, die mir Mut zusprach: „Stehe auf für die Gerechtigkeit! Stehe auf für die Wahrheit! Und Gott wird immer an deiner Seite sein!" Fast augenblicklich waren meine Ängste dahin. Meine Unsicherheit verschwand, ich war bereit, allem ins Auge zu sehen.

Wie überwand Martin Luther King seine große Angst?

____

____

____

____

____

Martin Luther King Statue in West Potomac Park, Washington D. C.

ARBEITSHEFT ETHIK
Band 2: Das eigene Leben gestalten – Bestell-Nr. 13 093
KOHL VERLAG

6 Die Ängste

Der Glaube an Jesus überwindet Ängste

Die Jünger fuhren in ihrem Boot über den See Genezareth. Plötzlich erhob sich ein heftiger Wirbelsturm, und die Wellen schlugen in das Boot, sodass es sich mit Wasser zu füllen begann und drohte zu sinken. Jesus aber lag hinten im Boot auf einem Kissen und schlief. Sie weckten ihn und riefen: „Meister, kümmert es dich nicht, dass wir zugrunde gehen?“ Da stand er auf, drohte dem Wind und sagte zu dem See: „Schweig, sei still!“ Und der Wind legte sich, und es trat völlige Stille ein. Er sagte zu ihnen: „Warum habt ihr solche Angst? Habt ihr noch keinen Glauben?“ Voller Entsetzen sagten sie zueinander: „Was ist das für ein Mensch? Selbst Wind und Wellen gehorchen ihm!“

(Mk 4,37 – 41)

Der gute Hirte (Psalm 23)

Der Herr ist mein Hirte,
mir wird nichts mangeln.
Er weidet mich auf einer grünen Aue
und führet mich zum frischen Wasser.
Er erquicket meine Seele.
Er führet mich auf rechter Straße,
um seines Namens willen.
Und ob ich schon wanderte im finsteren Tal,
fürchte ich kein Unglück;
denn Du bist bei mir,
dein Stecken und Stab trösten mich.
Du bereitest vor mir einen Tisch
im Angesicht meiner Feinde.
Du salbest mein Haupt mit Öl
und schenkest mir voll ein.
Gutes und Barmherzigkeit
werden mir folgen mein Leben lang,
und ich werde bleiben im Hause des Herrn
immerdar.

Welche Botschaft steckt in dieser biblischen Begebenheit für unser Leben?

___

___

___

___

___

___

___

___

Die Stillung des Sturmes

KOHL VERLAG ARBEITSHEFT ETHIK Band 2: Das eigene Leben gestalten – Bestell-Nr. 13 093

6 Die Ängste

Die verschlossene Tür

Ich muss damals acht Jahre alt gewesen sein, als ich im Hause meiner Großeltern die Tür entdeckte, die mir Angst machte. Sie befand sich oben auf dem Dachboden des alten Gebäudes.
Es war eine gewöhnliche, braune Tür aus unbearbeitetem Holz. Einige Male war ich schon mit Großvater oben auf dem Dachboden gewesen, aber die Tür war mir noch nie aufgefallen.
„Opa, woher kommt die Tür?", fragte ich. „Woher soll sie kommen, sie ist schon immer da", antwortete Großvater gleichmütig. Er suchte unter all dem Gerümpel nach leeren Flaschen.

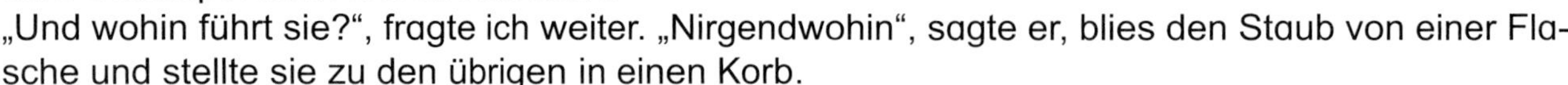

„Und wohin führt sie?", fragte ich weiter. „Nirgendwohin", sagte er, blies den Staub von einer Flasche und stellte sie zu den übrigen in einen Korb.
„Nirgendwohin? Das gibt es doch gar nicht. Ich meine: Wenn man da durchgeht, wo kommt man da hin?" „Man kann nicht durchgehen." „Habt ihr den Schlüssel verloren?"
„Nein, sie ist nicht abgeschlossen", sagte er und lachte ein wenig. „Du kannst sie öffnen, wenn du dich traust, die Spinnweben wegzuziehen." Ich trat auf die Tür zu, streckte den Zeigefinger aus und wischte damit die Spinnweben fort, die vom Türgriff herabhingen. Irgend etwas hinderte mich daran, den Griff zu fassen, niederzudrücken und die Tür aufzuziehen.
An diesem Abend konnte ich lange nicht einschlafen. Immer musste ich an die Tür denken, die ich nicht geöffnet hatte und die ins Nirgendwo führte. Schließlich schlief ich doch ein und träumte von einer Tür, aus der eine große Hand griff, die mich hindurchziehen wollte. Ich sträubte mich dagegen, schrie und schlug um mich, bis Großmutter kam und mich wachrüttelte.
Während des Tages vergaß ich die Tür. Aber am Abend im Bett kam die Angst wieder. Und wieder hatte ich einen Alptraum, in dem eine riesige Tür eine Rolle spielte.
„Heute Nacht hast du wieder im Schlaf geschrien", sagte Großvater beim Frühstück. „Sag schon, was ist da los?" „Ich fürchte mich vor der Tür", gestand ich. „Vor der Tür?", fragte er verständnislos. „Vor der Tür auf dem Dachboden." Er schien zu begreifen. „Die Tür, die du aufmachen wolltest und dann doch nicht geöffnet hast", sagte er. „Da gibt es nur ein Mittel: Wir gehen zusammen nach oben und öffnen sie." Er nahm mich an die Hand und wir stiegen gemeinsam die Treppen hoch zum Dachboden. Vor der Tür blieb er stehen. „Mach auf!", sagte er. „Kannst du sie nicht aufmachen?", fragte ich. „Nein", sagte er. „Wenn man Angst hat, gibt es nur ein Mittel dagegen: Man muss durch die Angst durch. Wenn du die Tür öffnest, wirst du dich nie mehr vor ihr fürchten." Ich stand vor der Tür und streckte die Hand nach dem Griff aus. Ich fand es lächerlich. Aber ich schaffte es nicht, diese Tür aufzumachen. Mein Mund war trocken, meine Hände zitterten. Ich fühlte Schweißtropfen auf meiner Stirn. „Bitte, Opa, mach du die Tür auf", bat ich. Er schüttelte den Kopf. „Du musst es selber tun", sagte er. Mit einem Ruck riss ich den Türgriff nach unten und zog die Tür auf: Dahinter war nichts als eine rote Backsteinmauer.

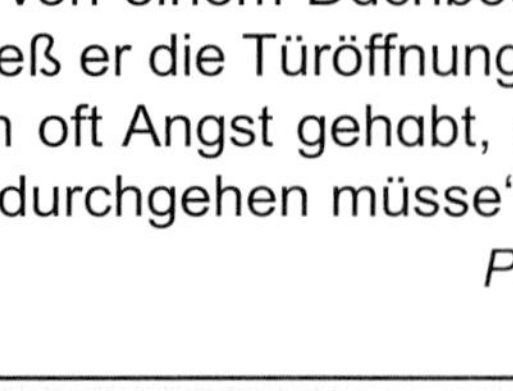

„Du hast es geschafft", sagte Großvater erleichtert. „Siehst du, es ist genauso, wie ich dir gesagt habe, die Tür führt nirgendwohin." „Aber warum ist da eine Mauer?", fragte ich. „Früher haben dieses Haus und das Nachbarhaus zusammengehört, man konnte von einem Dachboden zum anderen gehen", erklärte er. „Als mein Vater das Haus gekauft hat, ließ er die Türöffnung zumauern. Darum ist da jetzt eine Mauer." Natürlich habe ich später noch oft Angst gehabt, auch als Erwachsener. Aber Großvaters Rezept, dass man „durch die Angst durchgehen müsse", hat mir immer geholfen.

Paul Maar

Gibt es Situationen in deinem Leben, in denen du deine Angst bezwungen hast?

____

____

____

____

KOHL VERLAG
ARBEITSHEFT ETHIK
Band 2: Das eigene Leben gestalten – Bestell-Nr. 13 093

7 Die zehn Gebote – Wegweiser für ein christliches Leben

Die Bedeutung der Zehn Gebote

Setze in den Text die unten stehenden Lückenwörter ein.

Die Zehn Gebote, auch „Dekalog“ genannt, was übersetzt __ __ __ __ __ __ __ __ bedeutet, sollen den Menschen Orientierung geben. Sie sind heute noch aktuell und zeigen einen Weg zu einem mitmenschlichen Miteinander in der Gesellschaft. Sowohl im Judentum als auch im __ __ __ __ __ __ __ __ __ __ __ gelten sie als Zentrum und Inbegriff der theologischen Ethik und als wichtige Inhalte ihres __ __ __ __ __ __ __ __.

Mose mit den Zehn Geboten

Die Zehn Gebote haben die Kirchen- und Kulturgeschichte __ __ __ __ __ __ __ entscheidend mitgeprägt. Man findet sie im Alten Testament an zwei Stellen: im 2. Mose, 20,1-17 und im 5. Mose, 5,6-21. Die Zehn Gebote sind nicht in einer Aufzählung aufgeschrieben, sondern in Sätzen, die ohne __ __ __ __ __ __ __ aneinandergereiht wurden und eine kurze __ __ __ __ __ __ __ __ __ __ bilden.
Während der Wanderung der Israeliten aus Ägypten in das gelobte Land rief Gott Mose auf den Berg Sinai und übergab ihm dort der Überlieferung zufolge __ __ __ __ __ __ __ __ __ __ __ __ __ __ __ mit den Zehn Geboten. Nach seiner Rückkehr hatte das Volk Israel ein goldenes Kalb gegossen, das sie als Gott verehrten. Mose wurde wütend und zerbrach die steinernen Tafeln. Danach begab sich Mose erneut auf den __ __ __ __ __ __ __ __ __, um von Gott die Zehn Gebote zu erhalten.
Die Zehn Gebote gelten gläubigen Juden und Christen als Kern der Offenbarung Gottes an Mose, den zum Führer __ __ __ __ __ __ __ berufenen Vermittler seines Willens für das auserwählte Gottesvolk. Sie lieferten die Grundlage zur Sicherung der neuen __ __ __ __ __ __ __ __ __ __ __ __. Mit ihnen beginnt die Offenbarung Gottes am Sinai.
Die ersten drei Gebote befassen sich mit der Beziehung des Menschen zu Gott, die letzten __ __ __ __ __ __ mit der Beziehung der Menschen untereinander. Die einzelnen __ __ __ __ __ __ __ __ __ __ __ __ __ __ stammen aus nomadischer Zeit (1500 – 1000 v. Chr.) und reflektieren deren Verhältnisse, etwa das Verbot, Vieh, __ __ __ __ __ __ __ und die Frau des Nächsten zu begehren. Ursprünglich waren die Zehn Gebote an das aus der Sklaverei befreite __ __ __ __ __ __ __ __ __ __ gerichtet. Neuere Übersetzungen sprechen bevorzugt von den __ __ __ __ __ __ __ __ __ __ __ __ __ __. Dies berücksichtigt den Umstand, dass im hebräischen Originaltext nicht von Ge- oder Verboten die Rede ist, sondern eher von einer Art __ __ __ __ __ __ __ __ __ __ __ __ __ __ __ __.

Mose überbringt dem Volk Israel die Zehn Gebote

Die Zehn Gebote sind keine religiöse __ __ __ __ __ __ __ __ __ __ __ __ __ __ __ __ __, sondern vielmehr sollen sie den Menschen an seine sozialen Verantwortlichkeiten erinnern. Bis heute sind sie die Leitlinien christlicher __ __ __ __ __ und bestimmen die Haltung des Menschen zu Gott und seinen Mitmenschen.

Lückenwörter:
Berg Sinai – Christentum – Europas – Gemeinschaft – Geschichte – Glaubens – Israels – Nummern – Schlussfolgerung – sieben – Sklaven – Sozialgebote – Volk Israel – Werte – zehn Weisungen – Zehnwort – Zwangsbestimmung – zwei Steintafeln

Die zehn Gebote – Wegweiser für ein christliches Leben

Die Zehn Gebote (2. Mose 20, 2-17) – eine Auslegung

***1. Gebot**: Ich bin der Herr, dein Gott, der dich aus Ägypten herausgeführt hat. Du sollst keine anderen Götter haben neben mir.*
Dieser Satz erinnert an die Befreiung des Volkes Israel aus Ägypten. Im ersten Gebot wird an einen befreienden Gott angeknüpft. Thematisiert wird damit alles, was den Menschen in eine selbst verschuldete oder aufgezwungene Abhängigkeit führt.

Die Zehn Gebote auf Steintafeln

***2. Gebot**: Du sollst den Namen des Herrn, deines Gottes nicht missbrauchen.*
Dieses Gebot warnt davor, Gott dienstbar oder nutzbar zu machen für trügerische oder egoistische Zwecke. Dazu zählen der Meineid, der Fluch, die falsche Prophetie oder die Zauberei.

***3. Gebot**: Du sollst den Feiertag heiligen*
Ursprünglich erinnerte dieses Gebot an die Sklaverei des Volkes Israel in Ägypten. Es spricht sowohl die Beziehung zu Gott, als auch die Beziehung zu den Mitmenschen an. Bei diesem Gebot soll zum einen der Ehre Gottes gedacht werden, zum anderen sollen sich die Menschen am Feiertag schonen und von der Arbeit erholen. Dies galt auch für Knechte, Mägde. Selbst Tiere wurden in das Gebot miteinbezogen.

***4. Gebot**: Du sollst deinen Vater und deine Mutter ehren, auf das du lange lebst in dem Land, das dein Gott dir gibt.*
Dieses Gebot ist an die erwachsenen Söhne gerichtet, die zur Versorgung ihrer Eltern verpflichtet waren. In unserer Gesellschaft heute kann der Generationenvertrag als Parallele dazu gesehen werden.

***5. Gebot**: Du sollst nicht töten.*
Hier steht das Gebot für die Tötung eines Mitmenschen durch den Einzelnen. Dabei war ursprünglich nur das ungesetzliche, willkürliche Töten gemeint. Von diesem Verbot war das Töten im Krieg oder die Todesstrafe ausgenommen. Später erweiterte sich die Bedeutung auf alles, was sich gegen menschliches Leben richtet.

***6. Gebot**: Du sollst nicht ehebrechen.*
Mit dem Gesetz sollte verhindert werden, dass ein Mann eine fremde Ehe brach. Dabei sollte vor allem die Ehe des Nachbarn geschützt werden. Gesichert wurde so die Rechtmäßigkeit der Nachkommenschaft und damit der Altersversorgung. Das Gesetz diente dem Schutz des Hausfriedens und des Gemeinschaftslebens.

***7. Gebot**: Du sollst nicht stehlen.*
Besitz war die materielle und auch die rechtliche Grundlage für die Freiheit. Wer seinen Besitz verlor, musste in Sklaverei. Es ging dabei auch darum, dass die göttliche Zuteilung des Besitzes nicht von anderen angetastet werden durfte. Und dass jeder in Freiheit leben sollte.

***8. Gebot**: Du sollst nicht falsch Zeugnis reden wider deinen Nächsten.*
Ursprünglich bezog sich dieses Gebot auf die Aussage vor Gericht. Der Zeuge musste die Wahrheit sprechen, damit kein Unschuldiger zu Schaden kam. In unserer Zeit wird dieses Gebot hauptsächlich auf das tägliche Leben angewendet. Freunde, Kollegen, Nachbarn, Familienangehörige und Verwandte sowie alle anderen haben nicht nur ein Recht auf eine ehrliche Auskunft, sondern auch ein Recht auf die Unversehrtheit ihres Rufes.

KOHL VERLAG ARBEITSHEFT ETHIK Band 2: Das eigene Leben gestalten – Bestell-Nr. 13 093

7

Die zehn Gebote – Wegweiser für ein christliches Leben

***9. Gebot**: Du sollst nicht begehren deines Nächsten Haus.*
Damit ist gemeint, man soll sich keiner hinterhältiger Machenschaften bedienen, um an den Besitz eines anderen zu kommen. Einbezogen ist dabei auch die planvolle Zerstörung einer sozialen Gemeinschaft, für die das Haus steht.

***10. Gebot**: Du sollst nicht begehren deines Nächsten Weib, Knecht, Magd, Vieh, noch alles, was dein Nächster hat.*
Im zweiten Buch Mose wird die Frau unter den Gütern aufgeführt, die zum Haus des Mannes gehören, gemeint ist die gesamte Hausgemeinschaft. Im fünften Buch Mose ist das Verbot nach dem Verlangen nach der Frau des Nächsten ein eigenständiges Gesetz.

Die Zehn Gebote auf Steintafeln

1. ***Die Zehn Gebote nennt man auch***
   - ***Wegweiser zur Freiheit***
   - ***Gebrauchsanweisung für das Leben***
   - ***Eintrittskarte für den Himmel***
   - ***Grundgesetz Gottes***
   - ***Die zehn Plagen***
   - ***Spielregeln für die Gesellschaft***

   Erläutere jeweils, was damit ausgedrückt werden soll. Überlege dir noch weitere Bezeichnungen.

2. ***Kennst du aus anderen Religionen ähnliche Gebote für das Zusammenleben von Menschen?***

3. ***Welches Gebot ist deiner Ansicht nach das Wichtigste und warum?***

4. ***Benenne weitere zentrale religiöse Gebote und Regeln aus der Bibel. Was beinhalten diese?***

5. ***Lies Mt 5, 18 ff und erläutere, wie Jesus zu den Geboten stand.***

ARBEITSHEFT ETHIK
Band 2: Das eigene Leben gestalten – Bestell-Nr. 13 093

7 Die zehn Gebote – Wegweiser für ein christliches Leben

Buchstabenrätsel: Die Zehn Gebote

Mose erhielt von Gott am Berg Sinai zwei steinerne Tafeln, auf denen die Zehn Gebote standen. Für Juden und Christen sind die Zehn Gebote die Grundlage ihres Glaubens.

Das folgende Buchstabenrätsel enthält waagerecht und senkrecht die Kernaussagen der Zehn Gebote. Suche und markiere sie.

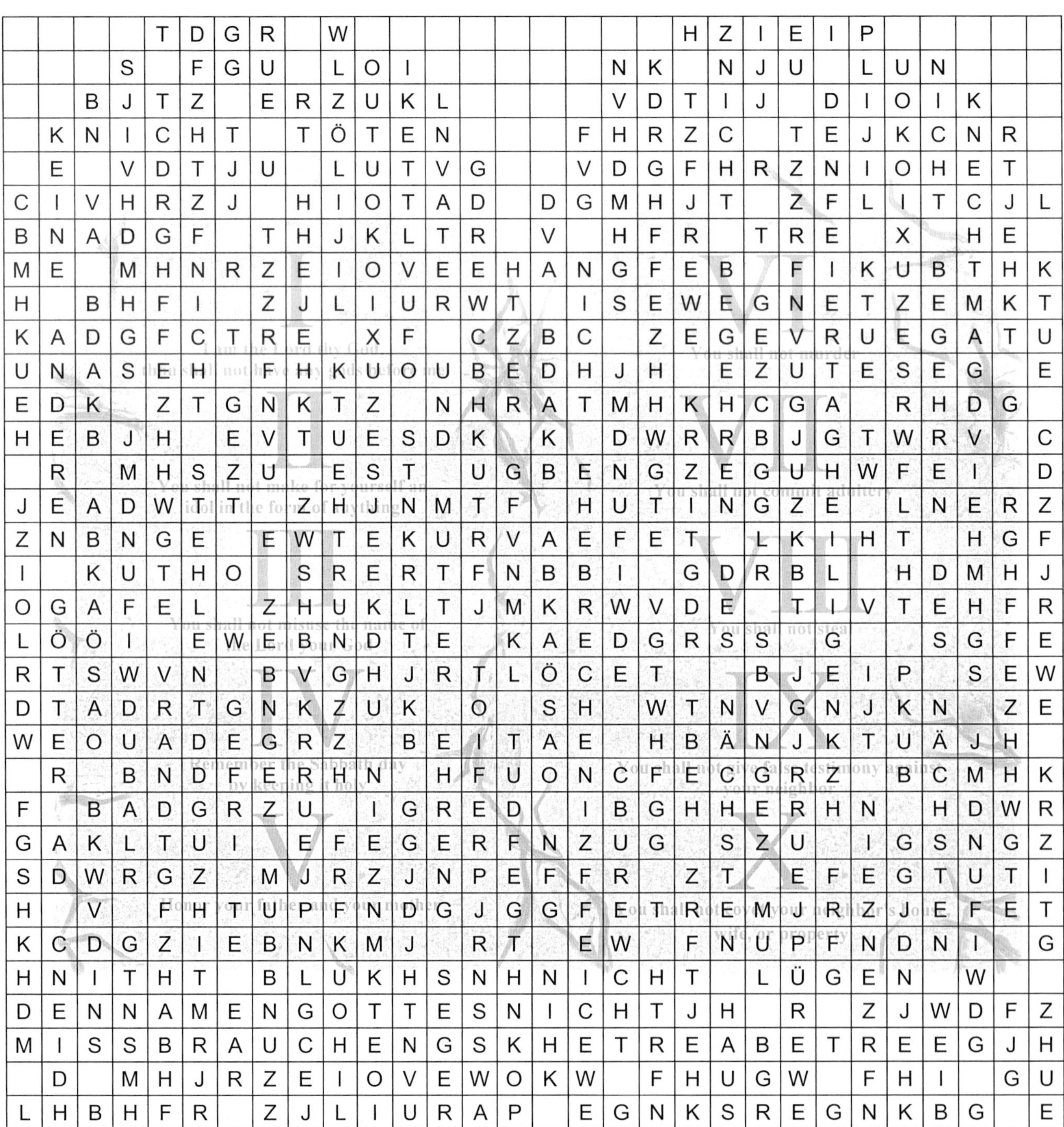

				T	D	G	R		W										H	Z	I	E	I	P					
			S		F	G	U		L	O	I						N	K		N	J	U		L	U	N			
		B	J	T	Z		E	R	Z	U	K	L					V	D	T	I	J		D	I	O	I	K		
	K	N	I	C	H	T		T	Ö	T	E	N				F	H	R	Z	C		T	E	J	K	C	N	R	
	E		V	D	T	J	U		L	U	T	V	G			V	D	G	F	H	R	Z	N	I	O	H	E	T	
C	I	V	H	R	Z	J		H	I	O	T	A	D		D	G	M	H	J	T		Z	F	L	I	T	C	J	L
B	N	A	D	G	F		T	H	J	K	L	T	R		V		H	F	R		T	R	E		X		H	E	
M	E		M	H	N	R	Z	E	I	O	V	E	E	H	A	N	G	F	E	B		F	I	K	U	B	T	H	K
H		B	H	F	I		Z	J	L	I	U	R	W	T		I	S	E	W	E	G	N	E	T	Z	E	M	K	T
K	A	D	G	F	C	T	R	E		X	F		C	Z	B	C		Z	E	G	E	V	R	U	E	G	A	T	U
U	N	A	S	E	H		F	H	K	U	O	U	B	E	D	H	J	H		E	Z	U	T	E	S	E	G		E
E	D	K		Z	T	G	N	K	T	Z		N	H	R	A	T	M	H	K	H	C	G	A		R	H	D	G	
H	E	B	J	H		E	V	T	U	E	S	D	K		K		D	W	R	R	B	J	G	T	W	R	V		C
	R		M	H	S	Z	U		E	S	T		U	G	B	E	N	G	Z	E	G	U	H	W	F	E	I		D
J	E	A	D	W	T	T		Z	H	J	N	M	T	F		H	U	T	I	N	G	Z	E		L	N	E	R	Z
Z	N	B	N	G	E		E	W	T	E	K	U	R	V	A	E	F	E	T		L	K	I	H	T		H	G	F
I		K	U	T	H	O		S	R	E	R	T	F	N	B	B	I		G	D	R	B	L		H	D	M	H	J
O	G	A	F	E	L		Z	H	U	K	L	T	J	M	K	R	W	V	D	E		T	I	V	T	E	H	F	R
L	Ö	Ö	I		E	W	E	B	N	D	T	E		K	A	E	D	G	R	S	S		G			S	G	F	E
R	T	S	W	V	N		B	V	G	H	J	R	T	L	Ö	C	E	T			B	J	E	I	P		S	E	W
D	T	A	D	R	T	G	N	K	Z	U	K		O		S	H		W	T	N	V	G	N	J	K	N		Z	E
W	E	O	U	A	D	E	G	R	Z		B	E	I	T	A	E		H	B	Ä	N	J	K	T	U	Ä	J	H	
	R		B	N	D	F	E	R	H	N		H	F	U	O	N	C	F	E	C	G	R	Z		B	C	M	H	K
F		B	A	D	G	R	Z	U		I	G	R	E	D		I	B	G	H	H	E	R	H	N		H	D	W	R
G	A	K	L	T	U	I		E	F	E	G	E	R	F	N	Z	U	G		S	Z	U		I	G	S	N	G	Z
S	D	W	R	G	Z		M	J	R	Z	J	N	P	E	F	F	R		Z	T		E	F	E	G	T	U	T	I
H		V		F	H	T	U	P	F	N	D	G	J	G	G	F	E	T	R	E	M	J	R	Z	J	E	F	E	T
K	C	D	G	Z	I	E	B	N	K	M	J		R	T		E	W		F	N	U	P	F	N	D	N	I		G
H	N	I	T	H	T		B	L	U	K	H	S	N	H	N	I	C	H	T		L	Ü	G	E	N		W		
D	E	N	N	A	M	E	N	G	O	T	T	E	S	N	I	C	H	T	J	H		R		Z	J	W	D	F	Z
M	I	S	S	B	R	A	U	C	H	E	N	G	S	K	H	E	T	R	E	A	B	E	T	R	E	E	G	J	H
	D		M	H	J	R	Z	E	I	O	V	E	W	O	K	W		F	H	U	G	W		F	H	I		G	U
L	H	B	H	F	R		Z	J	L	I	U	R	A	P		E	G	N	K	S	R	E	G	N	K	B	G		E

Lösungswörter:

den Feiertag heiligen – den Namen Gottes nicht missbrauchen – keine anderen Götter – nicht begehren des nächsten Haus – nicht begehren des nächsten Weib, Knecht, Magd, Vieh – nicht ehebrechen – nicht lügen – nicht stehlen – nicht töten – Vater und Mutter ehren

ARBEITSHEFT ETHIK
Band 2: Das eigene Leben gestalten – Bestell-Nr. 13 093
KOHL VERLAG

Die zehn Gebote – Wegweiser für ein christliches Leben

Das 8. Gebot – Wahrheit und Lüge

Ein zeitgemäßes Märchen: Tobias und die Lügner

Tobias ging im Walde so für sich hin, als ihn plötzlich ein klägliches Winseln aus seinen Betrachtungen riss. Er lief den Tönen nach und entdeckte einen braunen Airedale-Terrier, der sich in einer Schlinge verfangen hatte, wie sie Wilderer auszulegen pflegen. Tobias befreite das Tier und war nicht wenig erstaunt, als es vor ihm sitzen blieb, das Maul öffnete und sagte: „Ich danke Ihnen, mein Herr. Sie sehen in mir nicht etwa einen x-beliebigen Hund, sondern den staatlich geprüften Oberzauberer Abuhel, den es gelüstete, in der Gestalt eines Hundes zu lustwandeln. Leider war mir die Zauberformel für Schlingenlösen entfallen. Ich wäre eines elenden Todes gestorben, wenn Sie, verehrter Herr, mich nicht befreit hätten. Als Dank sei Ihnen ein Wunsch gewährt, der sich erfüllen wird." Tobias, kein Materialist, besann sich nicht lange und sagte: „Ich möchte, dass morgen für alle Menschen, die in meiner Stadt wohnen und die eine Lüge sagen oder schreiben, die Schwerkraft aufgehoben ist."

„Es sei", sprach Abuhel und war vom Waldboden verschlungen. Am anderen Tag ereigneten sich in der Stadt merkwürdige Dinge. Es begann damit, dass Tobias Reinemachefrau ihm einen guten Morgen wünschend sagte, sie sei heute schon eine Stunde früher gekommen, als er noch tief geschlafen habe. Da flog sie wie ein Luftballon gegen die Decke, wo sie mit dem Staubsauger hing, bis es nachts zwölf Uhr schlug. Der dickbäuchige Herr Knotzke, der Tobias noch 100 Mark schuldete und ihm auf der Straße begegnete, beide Hände schüttelte und sagte: „Wie freue ich mich, Sie wieder einmal zu sehen", freute sich nicht lange, denn kaum hatte er den Satz ausgesprochen, so flog er in die Luft, und der Wind trug ihn von dannen. Es ging in der Stadt turbulent zu. Bei den Zeitungen löste sich ein Setzer nach dem anderen von seinem Arbeitsplatz und flog davon, den in aller Frühe verschwundenen Redakteuren nach. Als der Chefredakteur mit dem Kultusminister telefonierte und ihm sagte, seine Pläne zur Hochschulreform seien wirklich fortschrittlich, da brach die Verbindung plötzlich ab, weil der Redakteur so heftig nach oben gezerrt wurde, dass die Telefonleitung riss. Um die Mittagszeit stand fast niemand mehr auf dem Boden der Tatsachen. Im Parlament flog ein Redner nach dem anderen gegen die Kuppel, in der die Abgeordneten in dicken Trauben hingen. Und als ein nationaler Parteiführer seine Ansprache mit den Worten »Meine Partei bekennt sich unumwunden zur echten Demokratie« begann und ihm seine Genossen den befohlenen einstimmigen Beifall zollten, durchbrach die Fraktion geschlossen das Glasdach des Sitzungssaales und wurde vom Westwind in den Osten abgetrieben. Die Menschen entschwebten wie Vogelschwärme, oder sie hingen, wenn sie das Glück hatten, sich in geschlossenen Räumen zu befinden, an deren oberen Grenzflächen.

Einzig ein paar Nonnen, ein pensionierter Beamter und zwei alte Unternehmer blieben der Schwerkraft unterworfen, wäre der eine davon nicht so unvorsichtig gewesen, an diesem Tag seine Steuererklärung abzugeben, so kam auch dieser in den Genuss der Schwerelosigkeit. Schon kurz nach Sonnenaufgang waren alle Parteifunktionäre in höheren Regionen, ganz zu schweigen von denen, die an diesem Tag eidesstattliche Erklärungen abgaben. (...) Am Abend war die Stadt wie ausgestorben. Der Tag hatte selbst in die Reihen der Geistlichkeit schwere Lücken gerissen. (...) Nur ein paar Kinder, die noch nicht sprechen konnten, alle Tiere, drei Straßenmädchen, fast alle Dichter, die Insassen des Irrenhauses außer dem Pflegepersonal, einige Schauspieler und die Betrunkenen blieben der Schwerkraft unterworfen, die letzteren teilweise sogar recht heftig. Tobias selbst hielt sich recht und schlecht bis kurz vor Mitternacht, als er zu sich selbst sagte, er hätte diesen Wunsch nicht geäußert, um seine Mitmenschen zu bestrafen, sondern um sie zu bessern. Da flog er sanft gegen den leise klirrenden Kronleuchter. Schlag zwölf Uhr kamen sie dann alle wieder herunter. Wer aber glaubt, dass seither in der Stadt weniger gelogen wird, der irrt sich.

Thaddäus Troll

ARBEITSHEFT ETHIK
Band 2: Das eigene Leben gestalten – Bestell-Nr. 13 093

Die zehn Gebote – Wegweiser für ein christliches Leben

1. ***Welche Menschen lügen in dem Märchen und welche nicht? Benenne diese!***
2. ***Warum lügen die Menschen und was bewirken diese Lügen?***
3. ***Suche dir eine Situation aus der Geschichte und zeichne sie.***

Definition der Begriffe

<u>Wahrheit</u> Wahrheit „die Übereinstimmung eines Satzes mit den Tatsachen" ist.

<u>Lüge</u> Unter Lüge versteht man „die auf Täuschung berechnete Äußerung wider besseren Wissen".

<u>Notlüge</u> ... ist eine Falschaussage zum eigenen Vorteil, meist ohne böse Absicht. Eine Notlüge ist eine Lüge. Sie wird dann eingesetzt, um eine andere Person zu schützen. Viele Menschen sagen Notlügen, um ihr Gewissen zu beruhigen.

Gründe, warum Menschen lügen

An einer niederländischen Universität wurden folgende Gründe für das Lügen ermittelt:

- um kein Missfallen zu erregen oder Nachteile zu haben: 41 %
- um den eigenen Willen durchzusetzen: 14 %
- um Sympathie oder Anerkennung zu gewinnen: 8 %
- um sich Arbeit oder Langeweile zu ersparen: 6 %
- um sich nicht lächerlich zu machen: 4 %
- um auf andere Eindruck zu machen: 3 %
- sonstige Gründe: 23 %

Situationen zu Wahrheit und Lüge

(1) Neulich fragte mich mein Banknachbar, ob er ein Zeichenblatt von mir bekommen könne. Ich habe keins, antwortete ich, obwohl ich einen Block in der Tasche hatte, denn er hatte mir vorige Woche – ohne mich zu fragen – zwei Blätter aus meiner Tasche genommen.

(2) Ute möchte am Samstagabend gern in die Diskothek gehen. Am Freitag bekommt sie eine Englischarbeit mit einer schlechten Note zurück. Als ihre Mutter sie am Nachmittag fragt, ob sie das Ergebnis der Arbeit schon wisse, verneint sie.

(3) Vera möchte sich mit ihrem Freund treffen. Ihre Eltern erlauben ihr das jedoch nicht. Also erzählt sie, sie ginge zu einer Freundin, um mit dieser für die nächste Klassenarbeit zu lernen.

(4) Stefan hat eine Verabredung mit seiner Freundin Sabine. Sabine jedoch möchte lieber mit Jochen in die Disko gehen und erzählt Stefan, dass sie heute Abend noch arbeiten müsse.

(5) Frau Bürger liegt im Krankenhaus. Kurz nach ihrer Operation bekommt sie Besuch von ihrer Tochter. „Was macht Vater?", fragt die Patientin. Ihr Mann hatte einen Verkehrsunfall. Die Tochter erzählt ihr jedoch, dem Vater ginge es gut.

(6) Herr Müller hat Schmerzen und geht zum Arzt. Nach gründlicher Untersuchung steht die Diagnose fest: Herr Müller hat eine unheilbare Krankheit. Auf die Frage des Patienten, was mit ihm sei, antwortet der Arzt, er habe eine Krankheit, die ihn einige Zeit stark einschränken werde, aber wenn er sich recht bemühe und eifrig trainiere, dann könne er die Krankheit wieder überwunden haben.

(7) Angela weiß, dass ihr Freund oft „krumme Sachen" macht. Bei einem Gerichtstermin steht sie als Zeugin vor Gericht und behauptet, ihr Freund hätte zu einer fraglichen Zeit den ganzen Abend mit ihr vor dem Fernseher verbracht.

1. ***War es eine Lüge, eine Notlüge oder die Wahrheit?***
2. ***Welche Gründe haben zu dieser Lüge geführt?***
3. ***Wie beurteilst du das Verhalten der betreffenden Personen?***
4. ***Nenne mögliche Folgen ihres Verhaltens!***
5. ***Wie hättest du in ihrer Situation gehandelt?***

KOHL VERLAG ARBEITSHEFT ETHIK Band 2: Das eigene Leben gestalten – Bestell-Nr. 13 093

7 Die zehn Gebote – Wegweiser für ein christliches Leben

Maßstäbe für das richtige Verhalten im Alltag

Die Geschichte von den drei Sieben

Aufgeregt kam jemand zu Sokrates gelaufen.
„Höre, Sokrates, das muss ich dir erzählen, wie dein Freund ..."
„Halt ein", unterbrach ihn der Weise, „hast du das, was du mir sagen willst, durch die drei Siebe geschüttelt?"
„Drei Siebe?", fragte der andere voll Verwunderung.
„Ja, mein Freund, drei Siebe! Lass sehen, ob das, was du mir erzählen willst, durch die drei Siebe hindurchgeht. Das erste Sieb ist die Wahrheit. Hast du alles, was du mir erzählen willst, geprüft, ob es wahr ist?"
„Nein, ich hörte es erzählen, und ..."
„So, so. Aber sicher hast du es mit dem zweiten Sieb geprüft, es ist das Sieb der Güte. Ist das, was du mir erzählen willst, wenn schon nicht als wahr erwiesen, wenigstens gut?"
Zögernd sagte der andere:
„Nein, das nicht, im Gegenteil ..."
„Dann", unterbrach ihn der Weise, „lass uns auch das dritte Sieb noch anwenden, und lass uns fragen, ob es notwendig ist, mir das zu erzählen, was dich so erregt."
„Notwendig nun gerade nicht. – ."
„Also", lächelte Sokrates, „wenn das, was du mir erzählen willst, weder wahr noch gut noch notwendig ist, so lass es begraben sein und belaste dich und mich nicht damit."

Wahrheit

Güte

Notwendig-keit

Die goldene Regel:

____

____

____

____

8. Gebot:

____

____

____

____

Was bedeutet das?

____

____

____

____

____

____

____

____

____

____

KOHL VERLAG
ARBEITSHEFT ETHIK
Band 2: Das eigene Leben gestalten – Bestell-Nr. 13 093

8 Lösungen

1. Unsere Zeit – unser Leben

S. 5: **Die Zeit – zu wenig oder zu viel**

1. Man kann die Zeit sinnvoll nutzen, man kann die Zeit vertun, man kann sich die Zeit einteilen.
2. Einen Zeitplan erstellen und ihn einhalten, Aufgaben konkret planen, Störungen vermeiden, große Aufgaben in mehrere kleine aufteilen, sich belohnen, wenn man ein Teilziel erreicht hat, Arbeit und Freizeit klar voneinander abgrenzen, die Freizeit sinnvoll nutzen und nicht nur passiv bleiben, wichtige Dinge sofort erledigen und nicht auf später verschieben.
3. Viele Menschen leiden in der heutigen Zeit unter ständigen Zeitdruck, sei es im Beruf oder im Privatleben. 48 Prozent der deutschen Arbeitnehmer klagen darüber, dass der Stress am Arbeitsplatz in den letzten Jahren zugenommen hat. Alles muss sehr schnell gehen, was nicht nur dazu führt, dass viele Unfälle passieren, sondern dass es auch zu Stresssymptomen bis hin zum Burnout kommt.
4. Redensarten über die Zeit

   Zeit ist Geld – Sich die Zeit vertreiben – Mit der Zeit gehen – Alles braucht seine Zeit – Es ist höchste Zeit – Die Zeit läuft davon – Die Zeit heilt alle Wunden – Der verlorenen Zeit nachtrauern –
   Man muss die Zeit nutzen – Alles hat seine Zeit
5. Positive und negative Aspekte der Zeit

Die Zeit	
POSITIV	NEGATIV
Die Zeit macht unser Handeln überhaupt erst möglich. Ohne Zeit gäbe es keine Veränderung, alles wäre starr und leblos.	Wir können nichts festhalten von all unseren schönen und prägenden Erfahrungen. Wenn sie vergangen sind, sind sie unwiderruflich vorbei. Nichts davon lässt sich wiederholen.
Die Zeit lässt mich eine Vergangenheit und damit auch eine Herkunft haben. Sie eröffnet mir zugleich eine Zukunft, die von der Vergangenheit vorgezeichnet ist, die ich aber auch gestalten kann.	Wenn wir etwas erwarten, kann die Zeit nicht schnell genug vorübergehen. Wir wünschen uns, die Zeit wäre schon vorbei. Wenn sie aber vorbei ist, merken wir, dass auch unser Leben damit ein Stück vergangen ist.
Die Zeit lässt manche Wunden heilen, sie lässt manchen Streit vergessen und macht Versöhnung und Frieden möglich.	Die Zeit des Lebens ist viel zu kurz. Es gibt viel zu viele Möglichkeiten, als dass wir sie alle in unserem Leben durchleben könnten.
Die Zeit schafft Veränderung und macht Wandel möglich. Ohne Veränderung und Wandel aber gibt es keinen Fortschritt.	Die Zeit kennt nur eine Richtung. Sie fließt von der Vergangenheit in die Zukunft.
Nur weil es Zeit gibt, können wir uns selbst entwickeln, selbst verändern, uns selbst verwirklichen und so uns selbst finden.	Wir können die Zeit nicht anhalten. Sie läuft immer gleichmäßig in Richtung Zukunft.

6. Pläne für eine sinnvolle Zeitplanung

Regeln für eine sinnvolle Zeitplanung
Ziele setzen und einhalten • Werde dir über deine eigenen Ziele klar und schreibe sie auf ein Blatt Papier. • Formuliere sie konkret und positiv. • Sind die Ziele realistisch? • Terminiere die Erreichung der Ziele.
Zeitplanung • Fertige langfristige Zeitpläne an (Jahresplanung, Monatsplanung): Was möchtest du in dieser Zeit mit Blick auf deine Ziele erreichen? • Überlege dir eine Tagesplanung. • Plane Zeit für dich selbst und Unvorhergesehenes ein.
Prioritäten setzen • Bewerte die einzelnen Aufgaben für einen Tag nach Dringlichkeit und Wichtigkeit. • Arbeite das Dringliche und Wichtige zuerst ab. • Was weder dringlich noch wichtig ist, gehört in den Papierkorb.

S. 8: **Geschichten über die Zeit**

1. Aus der Geschichte mit der Säge können wir lernen, dass wir anstehende Aufgaben sehr viel schneller erledigen könnten, wenn wir von Grund auf an unserem Tun etwas verändern würden. Der Waldarbeiter versucht hastig und mühselig in großer Eile einen Baum in kleine Teile zu sägen. Vor lauter Schaffenmüssen denkt er gar nicht daran, dass es anders, mit geschärfter Säge, womöglich deutlich entspannter und vor allem einfacher gehen könnte.

8 Lösungen

1. Unsere Zeit – unser Leben

S. 8: Geschichten über die Zeit

2. individuelle Schülerantworten
3. Das Zitat eines Zen-Mönchs „Was du tust, das tue ganz" will aussagen, das was man auch immer tut, soll man vorausschauend und fokusiert tun und an die Folgen denken, die dieses Tun haben könnte.

S. 9: Das Gleichnis vom großen Gastmahl

1. Das Gastmahl wird als Reich Gottes gesehen, in dem die Menschen als Gäste eingeladen sind. Reiche und wohlhabende Menschen scheinen hier häufig Ausreden zu finden, nicht am Mahl teilzunehmen. Diejenigen, die Hilfe benötigen, finden in dem Gleichnis einen Platz bei Gott.
2. individuelle Schülerantworten

S. 10: Berufs- und Arbeitszeit

1. Definition der Begriffe „Job", „Arbeit", „Beruf" und „Berufung".
   Ein Job ist die Tätigkeit, der man nachgeht, um Geld zu verdienen. Es handelt sich nur um eine vorübergehende Tätigkeit, eine Gelegenheitsarbeit.
   Arbeit ist eine absichtliche körperliche oder geistige Tätigkeit, vorrangig zur Sicherung der Existenz.
   Beruf ist eine auf Erwerb spezialisierte Tätigkeit, die in einer Ausbildung, einem Studium oder einer Weiterbildung erlernt und durch ein Abschlusszeugnis bestätig wir. Ein Beruf ist verbunden mit Zukunftswünschen, einer Ausbildung und entsprechend aufgebauter Qualifikation.
   Berufung ist eine hohe persönliche Identifikation mit und durch die Erfüllung beruflicher Aufgaben. Es geht dabei einerseits um individuelle Fähigkeiten und persönliche Ziele im Beruf, andererseits aber auch um den Nutzen für andere.
2. Gründe, warum Menschen arbeiten:
   - um Geld zu verdienen, damit man seinen Lebensunterhalt sicherstellen kann, - aus Spaß und Freude, - weil die Arbeit Sinn macht, - um sich selbst zu verwirklichen, - um Karriere machen zu können, - um Kontakte zu schließen, - um Anerkennung zu erhalten etc.
3. Folgen, wenn man nur wegen finanzieller Gründe arbeitet, können sein: Man ist unzufrieden, die Arbeit erfüllt einen nicht, sie macht keine Freude, man empfindet sie als sinnlos.
4. individuelle Schülerantworten
5. z. B. gute Arbeitsatmosphäre, angenehmes Betriebsklima, freundliche Kollegen, gute Führung im Unternehmen, flexible Arbeitszeiten, überdurchschnittliches Gehalt, betriebsinterne Aufstiegsmöglichkeiten, man erfährt Anerkennung und Wertschätzung etc.
6. Arbeitsqualität, Leistung, Belastbarkeit, Effektivität, erzielte Erfolge, Fachwissen, Flexibilität, Zuverlässigkeit, Teamfähigkeit etc.
7. individuelle Schülerantworten

S. 11: Geschichten aus dem Arbeitsleben

1. Beide haben recht, Arbeitskräfte-Anwerber und Indianer. Man muss arbeiten, um Geld zu verdienen, damit man seinen Lebensunterhalt sicherstellen kann, um später eine Rente zu bekommen, aber man sollte dabei auch das Leben nicht vergessen.
2. Drei Steinmetze arbeiten am Bau des Freiburger Münster. Alle drei machen dasselbe, aber ihre Aussagen machen ihre unterschiedliche Einstellung zur Arbeit deutlich: der eine haut Steine, der andere verdient Geld und der dritte baut an einem Dom.
3. Die Aussagen werden sich auf die Arbeitshaltungen auswirken. Während die ersten beiden Steinmetze nur ihre Arbeit verrichten, sieht der dritte Steinmetz einen Sinn in seiner Aufgabe.
4. Als Nächstenliebe wird ein helfendes Handeln für andere Menschen bezeichnet. Im Beruf bedeutet dies z. B. sich für andere einsetzen, sich engagieren, für sie da sein, Kollegen zur Seite stehen.
5. Beispiel: Ich helfe Kollegen, wenn sie mit bestimmten Aufgaben nicht alleine zurechtkommen oder ich gebe ihnen Hilfestellungen bei Problemen, ich stehe ihnen zur Seite und unterstütze sie.
6. Der Reformator Martin Luther wertet durch die Aussage die Arbeit auf. Bis in die frühe Neuzeit blickten Adel und Klerus mit Verachtung auf Menschen, die für ihr Überleben arbeiten mussten. Nach Martin Luther gehört die Arbeit zum Menschsein dazu. Sie wird zum zentralen Stellenwert des evangelischen Weltverständnisses.
7. Keine dieser beiden Aussagen stellt zufrieden. Wichtig ist, dass beide Bereiche im Leben eines Menschen einen Stellenwert einnehmen.
8. individuelle Schülerantworten
9. Wünsche an meinen späteren Arbeitsplatz:
   - gutes Betriebsklima, - nette Kollegen, - flexible Arbeitszeiten, - gute Bezahlung, - anspruchsvolle Aufgaben, - Vereinbarkeit von Beruf und Familie, - Weiterbildungsmöglichkeiten, - geregelte Urlaubszeiten, - Sonder- oder Sozialleistungen etc.

ARBEITSHEFT ETHIK
Band 2: Das eigene Leben gestalten – Bestell-Nr. 13 093

8 Lösungen

1. Unsere Zeit – unser Leben

S. 12: Das Gleichnis von den Arbeitern im Weinberg

1. Jesus greift in seinen Gleichnissen Bilder und Gegenstände des alltäglichen Lebens auf wie z. B. das Arbeiten im Weinberg. In dem Gleichnis wird das Reich Gottes mit einem Hausherrn verglichen, der Arbeiter einstellt, damit sie in seinem Weinberg arbeiten. Die Arbeiter sind Gottes Kinder. Sie finden zu unterschiedlichen Zeiten zum Glauben, aber trotzdem wird allen die Liebe Gottes zuteil.
2. Die ersten Arbeiter stehen für die Pharisäer, die keinen wirklichen Glauben besitzen und dem Geld und nicht der Nächstenliebe dienen. Die Arbeiter, die zu spät kamen sind die Sünder. Gott wendet sich diesen zu. Doch die fleißig Frommen werden dadurch nicht benachteiligt. Alle bekommen Anteil am Reich Gottes.

S. 14: Freizeit in Geschichte und Gegenwart

1. Freizeit ist die frei zur Verfügung stehende Zeit eines Menschen. Jeder Mensch benötigt freie Zeit in der er keine Verpflichtungen hat, um Hobbys nachzugehen, als Ausgleich zum Stress in Schule und Beruf, um die persönlichen und sozialen Reserven zu stärken.
2. Ideen zur Freizeitgestaltung zu Hause: - Brett- und Lernspiele, - Spielzeug, - Gespräche und gemeinsames Essen in der Familie, - sinnvoller Umgang mit Fernsehen, Computer und Internet, - Bücher lesen etc.
   Ideen zur Freizeitgestaltung in der Natur: - Ballspiele, Fußball, Basketball, - Spielplatz, - Spaziergänge, - Fahrradausflüge, - gemeinsames Picknick, - Besuch von Schwimmbad, Freizeitparks, - Besuch von kulturellen Sehenswürdigkeiten etc.
3. Hobbys sind wichtig. Sie machen Spaß und helfen, soziale Kontakte zu knüpfen. Des Weiteren fördern sie die Entwicklung des Menschen z. B. das Ausüben von musischen und sportlichen Betätigungen beugt Stress und Burn-out vor und schult die Motorik.
4. Flexibilität, Selbstbewusstsein, Teamgeist, Konzentration, Kommunikations- und Kooperationsfähigkeit etc.

5-7. individuelle Schülerantworten

S. 15: Jugendliche zum Thema Freizeit

1. Mindmap zum Thema `Freizeit´:
   Wörter und Begriffe suchen, die mit dem Thema `Freizeit´ zu tun haben wie z. B. Unterhaltung, Spaß, Urlaub, Erholung, Feierabend, Sport, freie Zeiteinteilung, fernsehen, Zoobesuch, Fußball spielen, Inlineskating, Computerspiele, zelten etc.
2. Aussagen der Jugendlichen:
   (1) Michael: Auch für die Freizeitgestaltung benötigt man Geld. Kino, Fußball, Diskothek – alles kostet Geld. Dies fängt schon bei der Anfahrt an. Dann kommen noch Kosten für Parkplatz, Garderobe, Getränke und Lebensmittel hinzu.
   (2) Jürgen: Menschen, die ihre Freizeit in Kneipen, auf Motorrädern oder vor dem Fernseher verbringen, sind Sklaven der Konsumgesellschaft. Nach seiner Meinung sollte man sich in seiner Freizeit mit kreativen Tätigkeiten beschäftigen. Eine solche Tätigkeit würde den Einzelnen prägen.
   (3) Martina: Man sollte seine Freizeit sinnvoll nutzen z. B. eine Fremdsprache erlernen oder Brieffreundschaften pflegen.
   (4) Angelika: Für sie ist das Gebet ein wichtiger Teil ihrer Freizeittätigkeit. Durch das Gebet ist sie fröhlicher und widerstandsfähiger. Man sollte wieder die traditionellen Freizeitbeschäftigungen ausüben, wie Gesellschaftsspiele oder Wandern.
3. Beliebte Freizeitbeschäftigungen sind z. B. sich mit Freunden treffen, Computerspiele etc.
   Unbeliebte Freizeitbeschäftigungen sind z. B. für manche ein Buch zu lesen. Es ist anstrengend, man braucht hierfür Ausdauer.
4. Mädchen unternehmen öfter etwas mit ihren Freundinnen. Sie gehen nach draußen z. B. Eis essen oder shoppen oder haben einfach nur Spaß. Mädchen treiben in der Regel weniger Sport, dafür malen und zeichnen sie öfter, lesen, treffen sich oder schreiben E-Mails oder SMS.
   Jungen betätigen sich gerne sportlich. Sie treffen sich meist in Jugendclubs mit ihren Freunden und spielen mit ihnen Fußball, Basketball, Tischtennis oder Billard oder fahren Inlineskater. Zahlreiche Jungs sitzen auch am Computer, surfen im Internet oder spielen Computerspiele.
5. Freizeittätigkeiten, die alleine ausgeübt werden sind z. B. Computerspiele, Musikhören, ein Buch oder eine Zeitschrift lesen. Gemeinsam spielt man mit Freunden zusammen, geht ins Kino oder betreibt Sport.
6. Benutzung von Handys, PC-Spiele, Kino, Freizeitparks, Schwimmbad etc.
7. Alter, Geschlecht, Eltern, soziale Schicht, Zeit, Freunden etc.
8. Falsches Freizeitverhalten kann zu Stress führen und Krankheiten wie Burnout zur Folge haben. Auch soziale Verpflichtungen, vor allem, wenn es zu viele sind und die Belastung zu lange anhält, kann zu Stress führen. Denn wer zusätzlich auch in der Freizeit permanentem Termindruck ausgesetzt ist, erhöht das Risiko an Burnout zu erkranken.
9. Maßnahmen gegen Freizeitstress:
   - Freizeit nicht exakt durchplanen, - unliebsame Freizeittermine absagen, - bedürfnisorientierte Freizeittätigkeiten ausüben, - Hobbys und Tätigkeiten ausüben, die beim Entspannen helfen, - Nichtstun genießen, - Mischung aus Ruhe und Aktivität einplanen

2. Grundfragen des Lebens

S. 17: **Wer bin ich?**

1. Familie, Geschwister, Schule, Klassenkameraden, Schüler, Freunde, Sport, Freizeit, Religion, Glaube, Ehrenamt, Arbeitnehmer, Kollege, Vereinsmitglied, Cousin etc.
2. individuelle Schülerantworten

S. 18/19: **Erwartungen an die eigene Zukunft / Die Legende der drei Bäume**

1/2. individuelle Schülerantworten

3. Vorbilder, Idole, Stars und Influencer

S. 20: **Warum brauchen wir Vorbilder?**

1. Vorbilder sind Personen, denen man nacheifert und deren Verhalten oder Aussehen man nachahmen will. Es können sowohl Personen aus dem privaten Bereich, als auch Prominente oder geschichtliche Personen sein.
   Stars sind prominente Persönlichkeiten mit herausragender Leistung und einer hohen Präsenz in den Medien. Sie sind Ausdruck unserer Sehnsüchte und haben eine scheinbar unerreichbare Ausstrahlung.
   Idole sind Personen, für die man leidenschaftlich schwärmt. Ihre Verehrung gleitet bis ins Irrationale und Mystische. Idole rufen zur Gefolgschaft auf.
   Influencer erreichen durch ihre Aktivitäten in den sozialen Netzwerken eine hohe Reichweite. Sie geben Einblicke in ihr Leben und machen Werbung für bestimmte Produkte. Dadurch erreichen sie eine hohe Anzahl von Followern.
2. Eigenschaften eines Vorbilds: - Empathie (Einfühlungsvermögen), - Charakterstärke, - Disziplin, - Engagement, - Ausstrahlung, - Charme, - Durchsetzungsfähigkeit, - Ehrlichkeit, - Verlässlichkeit, - Freundlichkeit etc.
3. Gründe, warum Menschen Vorbilder brauchen:
   - Vorbilder machen Mut und wecken Hoffnung, - sie geben Orientierung und helfen bei Entscheidungen, - sie können Ideengeber sein, wenn man nicht weiß, wie es im Leben weitergehen soll, - sie geben Motivation, etwas aus sich zu machen und nach Erfolg zu streben, - sie helfen einen den richtigen Weg zu finden, - sie können sich positiv auf das Selbstvertrauen auswirken und geben Sicherheit im Leben.
4. Negative Aspekte von Vorbildern:
   - eine zu starke Identifizierung mit dem Vorbild kann sich negativ auf die eigene Individualität auswirken, - alle Menschen haben Fehler, auch Vorbilder, - nicht jedes Vorbild ist gut gewählt, - man will seinen eigenen Weg finden und so bleiben, wie man ist, - das Individuum gerät in Gefahr seine eigenen Grenzen zu überschreiten, um dem Vorbild ähnlicher zu werden, - man wertet sich als eigene Person ab, weil man nicht so ist, wie man sich sein Vorbild vorstellt, - die Perfektion von Vorbildern ist nur schwer erreichbar.
5. Vorteile von Influencern:
   - sie sind beliebt, - werden auf der Straße erkannt, - erreichen mit ihren Tweets, Videos und Storys Millionen Menschen, - verdienen viel Geld durch ihre Internetauftritte, - werden häufig als Idol angesehen etc.
   Nachteile von Influencern:
   - eingeschränkte Privatsphäre, - Dauerstress, da das Zuhause gleichzeitig der Arbeitsplatz ist, - Auftreten von psychischen Erkrankungen wie z. B. Burnout, - Beruf wird oft von der Gesellschaft nicht ernst genommen, - wenig Abwechslung, - stundenlanges Arbeiten vor dem Bildschirm führt zu gesundheitlichen Beeinträchtigungen etc.
6. individuelle Schülerantwort

S. 21: **Meine Vorbilder**

(1) Geschichte z. B. Martin Luther King
Gründe: - kämpfte für eine gerechtere Welt, - wollte die Rassentrennung beenden, - war ein berühmter Redner etc.

(2) Politik z. B. Nelson Mandela
Gründe: - war Wegbereiter für das demokratische Staatswesen in Südafrika, - gewaltfreier Kampf, - setzte sich für friedliche Lösungen ein, - wurde zum ersten schwarzen Präsidenten Südafrikas gewählt etc.

(3) Sport z. B. Michael Schumacher
Gründe: - wurde sieben Mal Weltmeister im Formel-1-Sport, - gewann 91 Mal den Grand Prix, - engagierte sich für verschiedene Hilfsprojekte, - spendete große Summen für gemeinnützige Zwecke, - war Sonderbotschafter der UNESCO etc.

(4) Wissenschaft z. B. Albert Einstein
Gründe: - bedeutendster Physiker aller Zeiten, - seine Erkenntnisse haben die Welt verändert, - entdeckte die Relativitätstheorie etc.

(5) Fernsehen z. B. Astrid Lindgren
Gründe: - weltbekannte Kinderbuchautorin, - schrieb Bücher wie Pippi Langstrumpf, Ronja die Räubertochter oder der Michel aus Lönneberga, - Kinder können sich mit ihren Figuren identifizieren, - ihre Phantasie und Kreativität machten sie zum Vorbild etc.

(6) Pflege z. B. Mutter Theresa
Gründe: - pflegte aufopferungsvoll schwerkranke Menschen, - kümmerte sich um Straßenkinder und Waisen, - ihre Selbstlosigkeit und Fürsorge ist vielen Menschen ein Vorbild.

4. Die Frage nach dem Sinn des Lebens

S. 22: Was ist das Leben?

1. Familie – Höflichkeit – Wohlstand – geliebt werden – Gesundheit – Meinungsfreiheit – Arbeit – Bildung – Umwelt – Freiheit – Gerechtigkeit – Hilfsbereitschaft – Leistungssport – Auto – Urlaub – Religion – Genuss – Kultur – Karriere – Freizeit
2. individuelle Schülerantworten

S. 24: Heinrich Heines Gedicht „Fragen"

1. Ein Jüngling steht am Meer, seine Stimmung ist gedrückt, sein Inneres entspricht der äußeren Situation. So wie das Meer nächtlich „wüst" und aufgewühlt ist, so ist auch er innerlich von düsteren Gedanken geplagt.
2. Auf den ersten Eindruck wirkt das Gedicht melancholisch und tiefgründig. Der Jüngling stellt sich existenzielle Fragen über das Leben, den Ursprung und das Ziel der Menschheit sowie des Universums. Er fragt sich, wer er ist und was seine Bestimmung im Leben ist. „Woher kommt der Mensch?", „Wo geht er hin?", „Wer wohnt dort oben auf goldenen Sternen?"
3. Die Sprache von Heinrich Heine ist metaphorisch und voller Symbole und Bilder. Das Meer wird als wüst beschrieben, was auf die innere Leere und Dunkelheit des lyrischen Ichs hinweist und seine Verlorenheit mit dem Universum signalisiert. Die Wogen murmeln, die Sterne blinken gleichgültig und kalt.
4. Vom Narren ist die Rede, da er keine Antworten auf seine Fragen erhält. Der Dichter betont die Einsamkeit und Verzweiflung des Menschen und seine geringe Bedeutung im Universum.
5. Mit dem Narren bezeichnet sich der Dichter Heinrich Heine selbst.

Wege zur Sinnfindung und Selbstverwirklichung

1. Selbstverwirklichung bedeutet: - die Ausschöpfung des eigenen Potentials, - die Entfaltung der eigenen Persönlichkeit durch das Realisieren von Möglichkeiten, die in jedem selbst angelegt sind, - die eigenen Wünsche und Ziele zu verwirklichen. Damit ist Selbstverwirklichung immer individuell.
2. Fähigkeiten, die ein Mensch mitbringen soll, um sich selbst zu verwirklichen: - Selbstvertrauen, - Humor, - Vertrauen in andere Menschen, - Bereitschaft sich mit neuen und ungewohnten Dingen zu beschäftigen, - Verantwortung zu übernehmen, - kritische Reflexion, - niemals aufgeben, - sich ständig weiterbilden etc.

S. 25: Das Leben hat immer Sinn – Victor Frankl

Victor Frankl war aufgrund seiner jüdischen Abstammung zur Zeit des Nationalsozialismus in Ausschwitz und in anderen Konzentrationslagen inhaftiert. Aus seinen Erfahrungen dort, kann er uns erklären, wie man schwierige Zeiten übersteht. Selbst dann, wenn ein Mensch mit einem unabänderlichen Schicksal konfrontiert wird, mit einem unheilbaren Leiden, kann er noch einen Sinn finden, indem er eine tragische Situation in einen menschlichen Triumph verwandelt. Victor Frankl hat trotz aller Rückschläge nicht aufgegeben. Am 27. April 1945 wurde er von den Alliierten aus dem Konzentrationslager befreit. Seine Beobachtungen über den Überlebenswillen publizierte er in seinem Buch: „... trotzdem Ja zum Leben sagen". Zitat von Victor Frankl: „Wer ein Warum zu leben hat, erträgt fast jedes Wie."

S. 26: Verfehlte Sinnsuche – Sekten

1. Personen werden von einer ihr übergestellten Person wie Marionetten beeinflusst und manipuliert.
2. Die Freiheit dieser Personen wird total eingeschränkt. Sie müssen willenlos ihren Führern folgen.
3. In einer Sekte werden Menschen manipuliert und beeinflusst. Das Wort Sekte stammt vom lateinischen „secta" und bedeutet Richtung oder befolgter Grundsatz. Unter einer Sekte versteht man eine Glaubensgemeinschaft, die sich von einer größeren Gemeinschaft, einer Weltreligion abgespalten hat, mit dem Angebot eines „Heilskonzepts", geleitet von einer Führungsfigur. Oft glauben die Mitglieder einer Sekte den besseren oder einzig richtigen Weg zum Heil oder zur Erlösung gefunden zu haben. Von den Sektenmitgliedern wird kritiklose Identifikation verlangt.
4. Beispiel: Zeugen Jehovas
   Ursprung: Internationale Vereinigung ernster Bibelforscher, 19. Jhdt in den Vereinigten Staaten von Taze Russel gegründet.
   Merkmale und Kennzeichen:
   - ausgeprägte Missionstätigkeit an Haustüren und öffentlichen Plätzen, - Ablehnung von Bluttransfusionen,
   - Nichtbegehen aller religiösen Fest- und Feiertage einschließlich des Geburtstages, - Anbieten kostenloser Bibelkurse, - keine Teilhabe am politischen Geschehen, - keine Freundschaften außerhalb der Sekte,
   - Ablehnung der Kindertaufe, Erwachsenentaufe neuer Mitglieder
   Mitglieder: 2019 weltweit 8,5 Millionen, Deutschland 220.000 aktive und inaktive Mitglieder
   Hauptverbreitung: Amerika, Europa, Afrika und Australien
   Lehre:
   - Gottesbild: „Jehova" ist der allmächtige und ewige Gott, Ablehnung der Dreifaltigkeit,
   - Eschatologie: die Endzeit ist angebrochen, die Mitglieder werden in Gottes Königreich in Frieden und Glückseligkeit leben, mehrmalige Vorhersage des Weltuntergangs.

4. Die Frage nach dem Sinn des Lebens

S. 26: Der Weg in eine Sekte

1. Schritt: Erstkontakt in offener Atmosphäre: Menschen werden von den Sektenmitgliedern auf der Straße angesprochen und durch Unzufriedenheit mit ihrem jetzigen Leben motiviert der Sekte beizutreten.

2. Schritt: Besuch der Sekte und des Zentrums

3. Schritt: Auflösung des Arbeitsverhältnisses und aller bisherigen Beziehungen zur Familie und zu Freunden, Abgabe des Vermögens an die Sekte

4. Schritt: Einordnung: Missionierung auf der Straße, Austeilen von Zeitschriften der Sekte, Werbung neuer Mitglieder.

S. 27: Wie verzaubert, betäubt und berauscht – Jugendsekten

1. Merkmale von Jugendsekten:

(1) Werbung mit einer Ideologie: - Behauptung als einzige Gemeinschaft im Besitz der absoluten Wahrheit zu sein, Lehre eines kurz bevorstehenden Weltuntergangs, - Idee von der Bekehrung und Rettung der Welt, die Lehre besitzt Offenbarungscharakter. - Die Mitglieder sind alle erlöst und gehören zum auserwählten Volk.

(2) Zentrale Führerfigur: - Eine Person steht im Vordergrund und besitzt absolute Autorität, - Verehrung dieser Person als Heiliger, Guru oder Meister, - sie verlangt totalen Gehorsam, die Mitglieder müssen sich ihr unterordnen.

(3) Streng kontrollierte Gruppengemeinschaft: - Abschottung gegenüber der Außenwelt, - Fühlen als auserwählte Elite, - stark hierarchisch organisiertes Gemeinschaftsleben mit starren und strengen Regeln, - Trainingskurse, Lehrgänge und Wochenendseminare.

(4) Reglementierung individuellen Verhaltens: - Mitglieder müssen sich den Zielen der Sekte unterordnen, - Verhaltensvorschriften im privaten Bereich z. B. für Kleidung, Ernährung, - Verbot von Privateigentum, - Abbruch der sozialen Kontakte zu Familie und zu Freunden, - Abgabe des Eigentums an die Sekte, - Kritik an der Sekte wird nicht geduldet, - Verfolgung ausgeschiedener Mitglieder.

(5) Manipulation der Persönlichkeit: - Verinnerlichung der Sektengrundsätze durch meditative Übungen und Seminare, - Einsatz von Drogen, - Schlafentzug, - Fasten mit dem Ziel einer spirituellen Reinigung.

2. Personenkreise, die Jugendsekte ansprechen:
Die Jugendsekten wollen junge Menschen ansprechen, die - alleine sind und sich einsam fühlen, - unter Stress leiden, - Angst haben vor Schule, Eltern und Beruf, - sich langweilen, - Angst vor der Zukunft haben, - keine Ziele haben und sich leer fühlen, - einen Verlust oder eine Enttäuschung erlitten haben, z. B Trennung vom Partner, - nach Geborgenheit und Liebe suchen, - mit ihrer aktuellen Lebenssituation unzufrieden sind, - einen Sinn im Leben suchen, - nach Gott fragen, - die Wahrheit suchen.

3. Gründe für den Beitritt in die Sekte:
- die Intensität ihres Gemeinschaftslebens (manche Jugendsekten bezeichnen sich selbst als „Familie“,
- alternativer Lebensentwurf (kein sinnloser Leistungszwang, Verzicht auf Luxus),
- das Versprechen zum auserwählten Volk und damit zu den „Geretteten“ zu gehören,
- das Angebot von Führern wie „Propheten“ oder „Gurus“ (Mangel an Vorbildern in der Gesellschaft),
- Verheißung von Glück, Freiheit, Selbstverwirklichung und Selbstentfaltung,
- Vermittlung religiöser Erlebnisse z. B. durch Meditation.

4. Gefahren durch den Kontakt mit Jugendsekten:
- Ausbeutung, - finanzieller Ruin, - Aufgabe des Arbeits- oder Studienplatzes, - Besitz und künftige Erbansprüche werden der Sekte überschrieben, - Täuschung, - Abschottung gegenüber der Außenwelt, - Kritikverhinderung, - totale Inanspruchnahme durch die Sekte, - bei einigen Sekten wird für jedes Mitglied eine Personalakte erstellt, - Sektenmitglieder werden permanent überwacht, - Eltern und Freunde werden als Feindbild dargestellt, - Schwierigkeiten beim Ablösen von der Sekte.

5. Negative Begleiterscheinungen der Sektenmitglieder:
- fortschreitende Persönlichkeitsentwicklung, - Unselbstständigkeit in der Lebensführung, - Desinteresse an der Umwelt, - Verlust des freien Willens, - totale körperliche Erschöpfung, - Depressionen, - psychische Labilität etc.

Massensuizid der Sonnentempler in der Schweiz

1. Der kollektive Massensuizid bei den Sektenmitgliedern wird als „Transit zum Planeten Sirius“ betitelt. Der Suizid soll die Sektenmitglieder vor dem angeblich bevorstehenden Weltuntergang retten.
2. Der Sektenanführer verspricht den Mitgliedern nach ihrem Tod ein neues Leben in einer höheren Dimension.
3. Die Sektenmitglieder unterordnen sich vollständig dem Willen des Sektenführers. Sie wollen auf dem Planeten Sirius wiedergeboren werden, um dort eine neue Menschheit zu begründen.

4. Die Frage nach dem Sinn des Lebens

S. 28: Austritt aus einer Sekte

1. Viele Sektenanhänger erleben beim Austritt psychische Probleme, manche erkranken an einer Depression oder Psychose. Nicht selten verüben Aussteiger in ihrer Verzweiflung Suizid. Scham und Schuldgefühle erschweren den Ausstieg und die Rückkehr in ein neues Leben.
2. Hilfsmöglichkeiten beim Austritt aus einer Sekte:
   - Sektenberatungsstellen aufsuchen und sich informieren, - sich einer Selbsthilfegruppe ehemaliger Sektenmitglieder anschließen, - Telefonseelsorge, - Krisendienst, - Elterninitiativen (Information und Kontakt zu betroffenen Eltern, - Psychotherapie (psychologische Hilfe, um sich von der Sekte endgültig zu lösen),
   - Inanspruchnahme eines Rechtsanwalts.
3. Probleme ehemaliger Sektenmitglieder:
   - Einsamkeit, - Schwierigkeiten, eigene Entscheidungen zu treffen, - Probleme sich im Alltag und im Beruf wieder einzugliedern, - Depressionen, - Angst vor der Sekte, - Verpflichtungsgefühl gegenüber dem (Ehe-) Partner oder der Familie, die man in der Sekte zurücklässt, - Gefühl ständig von Eltern und Freunden überwacht zu werden, - zerstörtes Verhältnis zu Freunden und Familienmitgliedern.

Bericht von Eltern eines ehemaligen Mitglieds der Moon-Sekte

1. Die Eltern berichten darüber, dass ihr Sohn physisch und psychisch am Ende sei. Sein Humor, seine Flexibilität und sein Realitätsgefühl waren nicht mehr vorhanden. Er wirkte apathisch und depressiv, zeigte auch kein Interesse mehr an seinen alten Freunden oder Geschwistern.
2. Informationen über die Moon-Sekte/Vereinigungskirche:
   Gründer: Die Sekte wurde 1954 von dem Koreaner Sun Myung Moon gegründet.
   Hauptsitz: Südkorea in Seoul, - weltweit 2 Millionen Anhänger, - in Deutschland ca. 2.500 Anhänger, zehn offizielle Gemeindezentren, - bekannt ist die Sekte vor allem für ihre zu einem festgelegten Zeitpunkt, an einem zentralen Ort in Südkorea, stattfindenden Massenhochzeiten.
   Methode: Missionsdienst auf der Straße bis zu 10 Stunden täglich, Verkauf von Zeitschriften der Moon-Sekte.
   Zentrales Buch: „Das göttliche Prinzip“ enthält die Lehre der Moon-Sekte.
   Ziel: Die Errichtung des Reiches Gottes auf Erden durch den „Herrn der Wiederkunft“. Dazu sind nach der Lehre drei Weltkriege notwendig.
   Lehre: Verheißung: Geborgenheit, Glück und wahre Rettung. - Durch den Sündenfall ist die Welt unter die Herrschaft des Bösen gekommen. - Die Person Jesu ist bedeutungslos, weil der Gründer der Sekte der Messias ist. - Es gibt einen einzigen Gott, der absolut, unveränderlich und allmächtig ist. - Gott ist der Schöpfer des Universums. - Der Mensch ist ein Spiegelbild Gottes.
3. Kritikpunkte an der Moon-Sekte oder Vereinigungskirche:
   - Veranstaltung von Massenhochzeiten, - Die Sektenmitglieder werden einer „Gehirnwäsche“ unterzogen.
   Nach Entscheidung des Bundesgerichthofs darf über die Moon-Sekte behauptet werden:
   - die Vereinigungskirche sei eine kriminelle Vereinigung, - sie proklamiere ein totalitäres System, - mehrere junge Menschen sind durch diese Sekte zum Selbstmord getrieben worden, - die Vereiniungskirche setze Menschen einem Psychoterror aus.

5. Das Ehrenamt

S. 29: Freiwilliges Engagement Jugendlicher

1. Gründe, warum sich Jugendliche freiwillig engagieren:
   - etwas Sinnvolles zu tun, - Freude, Spaß, - Interesse, - Verantwortung in der Gesellschaft zu übernehmen,
   - mitbestimmen zu können, - Lernen fürs Leben, - Vorbereitung auf den Beruf, - Fähigkeiten einzubringen,
   - Kontakte zu schließen, - Gleichgesinnte kennenzulernen, - Erleben von Gemeinschaft und Zusammenhalt,
   - Zugehörigkeitsgefühl zu entwickeln, - Gefühl etwas zu bewegen, - Soziale Anerkennung zu bekommen,
   - Sammeln von Selbsterfahrungen etc.
3. individuelle Schülerantworten

S. 30: Informationen über das Ehrenamt

1. Unter einem Ehrenamt versteht man altruistisches, selbstloses Handeln, bei dem eine Person oder eine Gruppe freiwillig und unentgeltlich Arbeit leistet. Ehrenamt wird auch als bürgerschaftliches Engagement bezeichnet. Es kann zeitlich begrenzt oder auch langfristig sein. Bei manchen ist es sogar eine Lebensaufgabe.
   Aufgaben in der Alten,- Familien- und Behindertenhilfe:
   Betreuung und Unterstützung alter, kranker und behinderter Menschen z. B. für sie einkaufen, ihnen beim Kochen helfen, gemeinsam mit ihnen die Freizeit verbringen, Spaziergänge unternehmen, ihnen vorlesen, Hobbys ausüben etc.
2. Europaweit üben ca. 100 Millionen Menschen ein Ehrenamt aus. In Deutschland engagiert sich jeder Dritte ehrenamtlich. 2018 gab es in Deutschland ca. 16 Millionen Menschen, die sich ehrenamtlich betätigen.

5. Das Ehrenamt

S. 30: Informationen über das Ehrenamt

3. Gründe, warum das Jahr 2011 zum europäischen Jahr der Freiwilligenarbeit erklärt wurde:
   Ziel war es, die Bedeutung der Freiwilligentätigkeit für die europäische Gesellschaft bekannter zu machen. Daneben sollte die Freiwilligentätigkeit gefördert werden, Freiwilligenorganisationen gestärkt werden und ehrenamtliches Engagement stärker gewürdigt werden.
4. Bedeutung des Ehrenamtes für unsere Gesellschaft:
   Ohne Ehrenamtliche würde es viele Bereiche des öffentlichen und sozialen Lebens nicht geben. Dazu zählen neben der Betreuung von Kindern, Kranken und alten Menschen auch die Jugendorganisationen, der Natur- und Umweltschutz, der Tierschutz, die Caritas und die Diakonie, die Freiwillige Feuerwehr, der Katastrophenschutz und vieles mehr.
5. Ohne Ehrenamt würde das gesellschaftliche Leben in vielen Bereichen zum Erliegen kommen und es würde eine Versorgungslücke entstehen. Insbesondere der soziale, pädagogische und kulturelle Bereich profitieren vom Ehrenamt.
6. **a)** Ehrenamtliches Engagement in der Schule:
   - Mithilfe bei Schulfesten z. B. Essensverteilung, - Hausaufgabenbetreuung z. B. Lese- und Sprachförderung, - Streitschlichter z. B. Gewaltprävention, Konfliktbeseitigung, - Schulsanitäter z. B. Hilfe bei Notfällen, - Tutor für jüngere Schüler z. B. Zeigen des Schulhauses, Hilfe bei der Eingewöhnung.
   b) Ehrenamtliches Engagement in der Nachbarschaft:
   - ältere Menschen besuchen, - Babysitten, - Einkaufen gehen, - im Garten helfen, - Hund ausführen etc.
   c) Ehrenamtliches Engagement im Sportverein:
   - Helfer bei Wettkämpfen, - Schiedsrichterfunktion übernehmen, - als Trainer eine Sportgruppe leiten, - als Schatzmeister bzw. Kassenwart, - Pressewart etc.
   d) Ehrenamtliches Engagement in Hilfsorganisationen:
   z. B. im Tierschutz: Tiere im Tierheim besuchen, mit ihnen Gassi gehen,
   z. B. in der Diakonie: mit alten und behinderten Menschen Freizeit gestalten, Hobbies ausüben,
   z. B. im Sanitätsdienst: Notfallversorgung von Verletzten übernehmen, Verletzte betreuen und versorgen,
   z. B. in der freiwilligen Feuerwehr: bei Einsätzen helfen, Brände löschen.
7. Sie möchten etwas Sinnvolles in der Gesellschaft zu tun und damit anderen Menschen zu helfen.
8. Prominente, die sich ehrenamtliche engagieren:
   - Peter Maffay setzt sich für die Hilfsorganisation „Herz für Kinder" ein.
   - Roland Kaiser ist als Botschafter des Kinderhospizes „Mitteldeutschland" unterwegs.
   - Nina Hagen unterstützt den Verein „Noah – Tiere in Not".
   - Frank Zander organisiert Weihnachtsessen für Obdachlose.
   - Nicole engagiert sich für die Welthungerhilfe.
   - Hape Kerkeling setzt sich für HIV-infizierte Menschen ein.

S. 30: Der Jugendfreiwilligendienst im Ausland

1. Bereiche, in denen Jugendliche freiwillig im Ausland arbeiten können:
   - Bildung z. B. in Schulen Kinder unterrichten, ihnen Deutsch beibringen, - Kinder- und Jugendförderung z. B. in Jugendeinrichtungen, Jugendliche betreuen, mit ihnen gemeinsam die Freizeit gestalten, - Gesundheit z. B. in Krankenhäusern, die Versorgung von Kranken übernehmen, - Umwelt z. B. Umweltprojekte mitgestalten z. B. Gartenbauprojekte, - Sport und Kultur etc.
2. Argumente für den Freiwilligendienst im Ausland:
   - Welt bereisen, neue Sprachen und Kulturen kennenzulernen, - Erfahrungen im Ausland zu sammeln, - Einblick in den Arbeitsalltag und die Arbeitsweise in fremden Ländern, - andere Perspektiven kennenlernen, - die Welt verbessern, - Gutes tun.
   Argumente gegen den Freiwilligendienst im Ausland:
   keine Beratung und Information des Anbieters, welche Länder und welche Einsatzstellen zu den eigenen Wünschen, Motiven und Eignungen passen könnten, - Fragen der Unterkunft, des Taschengeldes, der Weiterbildung und geregelte Arbeitszeiten sind nicht geklärt, - keine oder unzureichende Ansprechpartner vor Ort, - keine Unterstützung im Krisenfall z. B. bei Unfall, Krankheit, Krisen im Land, - finanzielle Profit steht im Mittelpunkt und nicht der Mensch, - fehlende Preistransparenz. Ein Großteil der Anbieter geben keinerlei Auskunft über die finanzielle Verteilung des Reisepreises. Wie viel des Geldes tatsächlich der Organisation zu Gute kommt, lässt sich nur schwer herausfinden.
3. Fähigkeiten, die man bei einem Projekt im Ausland erwerben kann:
   soziale Kompetenzen z. B. die Fähigkeit zu Teamwork, Kommunikationsfähigkeiten, - Erlangung fließender Sprachkenntnisse des Landes, - physische und psychische Herausforderungen meistern, - mehr Freude am Reisen, - Selbstvertrauen und Eigenständigkeit etc.
4. Bei der Übernahme einer Freiwilligenarbeit im Ausland sollte man darauf achten, eine gute und vertrauenswürdige Organisation zu finden. Skeptisch sollte man bei Organisationen sein mit mangelnden Vorbereitungsprozess der Bewerber, die keinen Anspruch auf Sprachkenntnisse und Qualifikationen stellen, bei kurzen Projektlaufzeiten, bei undurchsichtigen Preismodellen und bei Organisationen, die keine Formen der Nachbereitung anbieten.

6. Ängste

S. 32: Ängste der Jugendlichen

1. individuelle Schülerantworten
2. - Angst vor dem Zahnarzt, - Angst vor Prüfungssituationen, - Angst vor Arbeitslosigkeit, - Angst vor Terroristen, - Angst zu verarmen, - Angst vor Naturkatastrophen, - Angst vor der Zukunft etc.
3. Ursache von Ängsten können sein Stress, Traumata, Alkohol- und Drogenkonsum, Medikamente, soziale Belastungen, ungünstige Erziehungsstile, seelische und körperliche Erkrankungen, aber auch biologische und erbliche Faktoren.
4. Nach einer Studie fühlen sich Jugendliche in einem Dauerkrisenmodus, der weiter anhält. Die Trendstudie „Jugend in Deutschland" basiert auf repräsentativen Befragungen von 14- bis 29-Jährigen und wird seit 2020 in regelmäßigen Abständen wiederholt. An der Spitze der Liste stehen mit 63 Prozent die Inflation, der Krieg in Europa 59 Prozent; der Klimawandel 53 Prozent und die Wirtschaftskrise 45 Prozent. Wie die Forscher betonen, haben die Jugendlichen auch Angst vor einer Spaltung der Gesellschaft und einem Zusammenbruch des Rentensystems.
5. Allgemeine Maßnahmen zur Überwindung von Angstsituationen:
   mit jemanden über die Angst sprechen, - sich bewusst machen, wovor man Angst hat, - Konfrontation mit der angstauslösenden Situation nicht vermeiden, - Entspannungsübungen erlernen, wie autogenes Training, Yoga, progressive Muskelentspannung, Mediation, Achtsamkeitsübungen, - sportliche Aktivitäten ausüben, - bei starken Ängsten Inanspruchnahme einer Psychotherapie.

S. 33: Über die Ängste der Deutschen

1. individuelle Schülerantworten
2. Nach einer aktuellen Umfrage ist fast jeder zweite Bürger in Deutschland unzufrieden mit seiner aktuellen Lebenssituation. Vieles kann man nicht ändern, wie die Inflation, den Ukraine-Krieg oder die Corona-Pandemie.
3. Freunden, Familie, Geschwister, Lehrer, Mitschüler
4. individuelle Schülerantworten
5. Mögliche Gründe für die Unzufriedenheit mit der Politik:
   Die Bundesregierung streitet unentwegt, derweil geht es in Deutschland spürbar turbulent zu. Deutschland hat als weltweit einziges Industrieland ein negatives Wachstum. Es befindet sich mitten in einer Rezession.
   83 Prozent der Bevölkerung sind der Meinung, dass die Regierung bei der Lösung der Probleme wie Zuwanderung, Klimaschutz, Wirtschaft und steigende Preise nicht voranschreitet. (Stand 2023)
6. Familienpolitik, Rentensystem, Umweltschutz, Bildungssystem etc.

S. 34: Martin Luther King überwindet die Angst

Martin Luther King betete in einem Zustand voller Verzweiflung und Mutlosigkeit zu Gott. Da hörte er eine innere Stimme, die ihm Mut machte und ihm versprach, dass Gott immer an seiner Seite sein wird. In diesem Moment waren seine Ängste und seine Verzweiflung verschwunden.

S. 35: Der Glaube an Jesu überwindet die Angst

Die Botschaft, die in dieser biblischen Begebenheit steckt, ist, dass Jesus in jedem Sturm unseres Lebens da ist und uns zur Seite steht. Wer auf Jesus und Gott vertraut und an ihn glaubt, braucht sich vor der Zukunft nicht zu fürchten und keine Angst zu haben.

S. 36: Die verschlossene Tür

individuelle Schülerantworten

7. Die Zehn Gebote – Wegweiser für ein christliches Leben

S. 37: Die Bedeutung der Zehn Gebote – Lückentext

Zehnwort, Christentum, Glaubens, Europas, Nummern, Geschichte, zwei Steintafeln, Berg Sinai, Israels, Gemeinschaft, sieben, Sozialgebote, Sklaven, Volk Israel, zehn Weisungen, Schlussfolgerung, Zwangsbestimmung, Werte

S. 39: Die Zehn Gebote (2. Mose 20, 2-17) – eine Auslegung

1. individuelle Schülerantworten
2. Judentum: die Thora: enthält weitere 634 Ge- und Verbote, die für Juden verbindlich gelten.
   Islam: die fünf Säulen im Islam: (1) Das Glaubensbekenntnis, (2) Das fünfmal tägliche Gebet, (3) Der Fastenmonat Ramadan, (4) Die Pflichtabgabe, (5) Die Pilgerfahrt nach Mekka.
   Hinduismus: Sanatana Dharma: Bekenntnis zum ewigen Gesetz, der kosmischen Ordnung, die das gesamte Universum erhält.
   Buddhismus: der achtfache Pfad, die vier edlen Wahrheiten, sittliche Regeln: kein Lebewesen zu töten oder zu verletzen, Nichtgegebenes zu nehmen, nicht zu lügen, keinen Missbrauch der Sinne, das Bewusstsein nicht durch berauschende Mittel zu trüben etc.
3. individuelle Schülerantwort

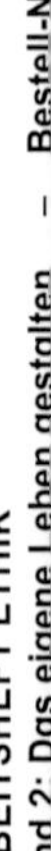

7. Die Zehn Gebote – Wegweiser für ein christliches Leben

S. 39:

4. Wichtige Gebote aus dem Neuen Testament: „Du sollst den Herrn, deinen Gott lieben mit ganzem Herzen, mit ganzer Seele und mit ganzem Denken. Liebe deinen Nächsten, wie dich selbst“

5. Jesus hat die Zehn Gebote in zwei Grundsätzen zusammengefasst: die Liebe zu Gott und zu unseren Mitmenschen.

S. 40: **Buchstabenrätsel: Die Zehn Gebote**

				T	D	G	R		W										H	Z	I	E	I	P					
			S		F	G	U		L	O	I						N	K		N	J	U		L	U	N			
		B	J	T	Z		E	R	Z	U	K	L					V	D	T	I	J		D	I	O	I	K		
	K	N	I	C	H	T		T	Ö	T	E	N				F	H	R	Z	C		T	E	J	K	C	N	R	
	E		V	D	T	J	U		L	U	T	V	G			V	D	G	F	H	R	Z	N	I	O	H	E	T	
C	I	V	H	R	Z	J		H	I	O	T	A	D		D	G	M	H	J	T		Z	F	L	I	T	C	J	L
B	N	A	D	G	F		T	H	J	K	L	T	R		V		H	F	R		T	R	E		X		H	E	
M	E		M	H	N	R	Z	E	I	O	V	E	E	H	A	N	G	F	E	B		F	I	K	U	B	T	H	K
H		B	H	F	I		Z	J	L	I	U	R	W	T		I	S	E	W	E	G	N	E	T	Z	E	M	K	T
K	A	D	G	F	C	T	R	E		X	F		C	Z	B	C		Z	E	G	E	V	R	U	E	G	A	T	U
U	N	A	S	E	H		F	H	K	U	O	U	B	E	D	H	J	H		E	Z	U	T	E	S	E	G		E
E	D	K		Z	T	G	N	K	T	Z		N	H	R	A	T	M	H	K	H	C	G	A		R	H	D	G	
H	E	B	J	H		E	V	T	U	E	S	D	K		K		D	W	R	R	B	J	G	T	W	R	V		C
	R		M	H	S	Z	U		E	S	T		U	G	B	E	N	G	Z	E	G	U	H	W	F	E	I		D
J	E	A	D	W	T	T		Z	H	J	N	M	T	F		H	U	T	I	N	G	Z	E		L	N	E	R	Z
Z	N	B	N	G	E		E	W	T	E	K	U	R	V	A	E	F	E	T		L	K	I	H	T		H	G	F
I		K	U	T	H	O		S	R	E	R	T	F	N	B	B	I		G	D	R	B	L		H	D	M	H	J
O	G	A	F	E	L		Z	H	U	K	L	T	J	M	K	R	W	V	D	E		T	I	V	T	E	H	F	R
L	Ö	Ö	I		E	W	E	B	N	D	T	E		K	A	E	D	G	R	S	S		G			S	G	F	E
R	T	S	W	V	N		B	V	G	H	J	R	T	L	Ö	C	E	T			B	J	E	I	P		S	E	W
D	T	A	D	R	T	G	N	K	Z	U	K		O		S	H		W	T	N	V	G	N	J	K	N		Z	E
W	E	O	U	A	D	E	G	R	Z		B	E	I	T	A	E		H	B	Ä	N	J	K	T	U	Ä	J	H	
	R		B	N	D	F	E	R	H	N		H	F	U	O	N	C	F	E	C	G	R	Z		B	C	M	H	K
F		B	A	D	G	R	Z	U		I	G	R	E	D		I	B	G	H	H	E	R	H	N		H	D	W	R
G	A	K	L	T	U	I		E	F	E	G	E	R	F	N	Z	U	G		S	Z	U		I	G	S	N	G	Z
S	D	W	R	G	Z		M	J	R	Z	J	N	P	E	F	F	R		Z	T		E	F	E	G	T	U	T	I
H		V		F	H	T	U	P	F	N	D	G	J	G	G	F	E	T	R	E	M	J	R	Z	J	E	F	E	T
K	C	D	G	Z	I	E	B	N	K	M	J		R	T		E	W		F	N	U	P	F	N	D	N	I		G
H	N	I	T	H	T		B	L	U	K	H	S	N	H	N	I	C	H	T		L	Ü	G	E	N		W		
D	E	N	N	A	M	E	N	G	O	T	T	E	S	N	I	C	H	T	J	H		R		Z	J	W	D	F	Z
M	I	S	S	B	R	A	U	C	H	E	N	G	S	K	H	E	T	R	E	A	B	E	T	R	E	E	G	J	H
	D		M	H	J	R	Z	E	I	O	V	E	W	O	K	W		F	H	U	G	W		F	H	I		G	U
L	H	B	H	F	R		Z	J	L	I	U	R	A	P		E	G	N	K	S	R	E	G	N	K	B	G		E

S. 43: **Die Geschichte von den drei Sieben**

1. Sieb: Wahrheit

2. Sieb: Güte

3. Sieb: Notwendigkeit

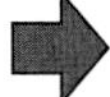

Die goldene Regel: Behandle die Menschen so, wie du selbst gerne behandelt werden möchtest!

8. Gebot: Du sollst nicht falsch Zeugnis reden wider deinen Nächsten

Was bedeutet das?

Wir sollen Gott fürchten und lieben, dass wir unseren Nächsten nicht fälschlich belügen, verraten, nachreden oder bösen Leumund machen, sondern sollen ihn entschuldigen, Gutes von ihm reden und alles zum Besten kehren.

Der Katechismus

ARBEITSHEFT ETHIK
Band 2: Das eigene Leben gestalten – Bestell-Nr. 13 093
KOHL VERLAG

Literaturverzeichnis

Bamming, R. / Trendelkamp, M.: Treffpunkt RU 9/10 – Katholischer Religionsunterricht im 9. / 10. Schuljahr. München, 1993.

Bauke, J.: Vom Umgang mit der Zeit. In: Zeitschrift für Religionsunterricht und Lebenskunde, Heft 4, S. 22 – 30, Zürich, 1994.

Der Papalagi: Die Reden des Südseehäuptlings Tuiavii aus Tiavea, Heyne Verlag 1920

Die Bibel nach Martin Luthers Übersetzung, Deutsche Bibelgesellschaft, Stuttgart 2017

Drescher, M. u. a. (Hrsg.): Impulse zur Orientierung – Unterrichtswerk für den Religionsunterricht an beruflichen Schulen, Jahrgangsstufen 10/11. Düsseldorf, 1981.

Ernst, S. / Engel, Ä.: Christliche Ethik konkret – Werkbuch für Schule, Gemeinde und Erwachsenenbildung. München, 2001.

Ernst, S. / Engel, Ä.: Grundkurs christliche Ethik – Werkbuch für Schule, Gemeinde und Erwachsenenbildung. München, 1998.

Furger, E.: Die Zehn Gebote, Freiburg 1983.

Geißler, K. H.: Es muss in diesem Leben mehr als Eile geben. Freiburg i. Br., 2001.

Geißler, K. H.: Vom Tempo der Welt. Freiburg i. Br., 2002.

Geißler, K. H.: Zeit – verweile doch, du bist so schön. Freiburg i. Br., 1979.

Golding, W.: Herr der Fliegen, Frankfurt am Main 2016.

Häusler, G., Euringer, M. (Hrsg): Unterrichtswerk für den Ethikunterricht am Gymnasium. 8. Jahrgangsstufe, Ernst Klett Verlag Stuttgart 2010.

Küsters, M.: Freizeit – Nixtun, aber richtig! In: Religion betrifft uns, Heft 3/92, Aachen, 1992.

Menn-Hilger, Ch.: Die Zehn Gebote - Infos, Materialien, Provokationen; In: Arbeitsmaterialien für die Sekundarstufe, Mühlheim a. d. Ruhr, 2003

Plattner, J.: Zeitstress – Für einen anderen Umgang mit der Zeit. München, 1993.

Presler, G.: Martin Luther King mit Selbstzeugnissen und Bilddokumenten, Hamburg 1984.

Rotthaus, W.: Ängste von Kindern und Jugendlichen, Carl Auer Verlag, 2022

Abstract

Der Ethikband 2 „Das eigene Leben gestalten“ orientiert sich an den Lehrplänen und lässt sich jederzeit ohne Vorbereitungsaufwand im Ethik- und Religionsunterricht beider Konfessionen in den Klassen 5-10 aller Schularten sowie an beruflichen Schulen einsetzen. In diesen Fächern versuchen Lehrkräfte bei den Schülern und Schülerinnen Bewusstsein für die Grundfragen des menschlichen Daseins zu wecken. Das Buch behandelt lehrplankonform die wichtigsten Themenbereiche eines modernen und schülergerechten Ethikunterrichtes wie Grundfragen des Lebens, die Frage nach dem Sinn, Arbeit, Konsum und Freizeit, die Bedeutung von Vorbildern, soziales Engagement Jugendlicher, Ängste und ihre Überwindung, sowie die Zehn Gebote als Leitfaden für ein christliches Leben. Die von der Autorin zusammengestellten Unterrichtshilfen bringen Abwechslung, Farbe und Humor in die tiefen Auseinandersetzungen menschlichen Lebens.
Als Kopiervorlagen im Ethik- und Religionsunterricht beider Konfessionen empfehlenswert!

Aus dem Inhalt:

- Unserer Zeit – unser Leben
- Geschichten über die Zeit
- Berufs- und Arbeitszeit
- Freizeit in Geschichte und Gegenwart
- Grundfragen des Lebens
- Erwartungen an die eigene Zukunft
- Vorbilder, Idole, Stars und Influencer
- Die Frage nach dem Sinn des Lebens
- Facetten menschlichen Lebenssinns
- Verfehlte Sinnsuche - Sekten
- Jugendsekten und ihre Gefahren
- Das Ehrenamt für Jugendliche
- Ängste unserer heutigen Zeit
- Die Zehn Gebote und ihre Bedeutung
- Das 8. Gebot u. v. m.

Zur Autorin:

Dr. phil. Elisabeth Höhn, Lehrerin an verschiedenen Schulen, Dozentin an Berufsfachschulen und Fachakademien (Unterrichtsschwerpunkte: evangelische Religionslehre, Deutsch, Sozialkunde, Ethik, Pädagogik, Psychologie, Soziologie), Autorin mehrerer Schul- und Rätselbücher.

KOHL VERLAG ARBEITSHEFT ETHIK Band 2: Das eigene Leben gestalten ■ Bestell-Nr. 13 093

thik

utorenteam Kohl-Verlag

tationenlernen Ethik

des Themengebiet wird individuell und je nach Wissens- nd erarbeitet. Je nach Station als Grund- bzw. Exper- aufgabe in Einzel-/Partner-/Gruppenarbeit. Mit Tippkar- Zusatzmaterial und ausführlichen Lösungen, auch zur lbstkontrolle.

lasse 5-7	11 544	je 48 Seiten
lasse 8-10	11 690	ab 13,49 €

5 6 7 8 9 10

n Schrödel

ogikrätsel Ethik – Training des logischen Denkens

gisches Denken ist eine der Grundvoraussetzungen, um sich in dieser elt zurechtzufinden. Auf ansprechende Art und Weise erarbeiten, wieder- len und festigen die Schüler abwechslungsreiche Themengebiete s Ethikunterrichts. Logikrätsel erhöhen die geistige Fitness, ver- ssern die Konzentrationsfähigkeit und machen einfach nur Spaß!

lasse 5-6	11 531	je 32 Seiten
lasse 7-10	11 532	ab 11,99 €

BF PDF plus

5 6 7 8 9 10

edhelm Heitmann & Ulrike Stolz

eligion und Ethik ... kurz, knapp & klar
rundwissen zu Religion und Ethik leicht vermittelt

e Materialsammlung beschäftigt sich mit zentralen Themenberei- en des Religions- und Ethikunterrichtes. Jedes Arbeitsblatt ist so fbereitet, dass man sie problemlos in den alltäglichen Unterricht egrieren kann.

132 Seiten	19 041	ab 22,49 €

PDF plus

5 6 7 8 9 10

olfgang Wertenbroch

WST Philosophie ... ein Einsteigerprogramm

e Suche nach Antworten auf elementare Fragen des reflektierenden enschen wird angeregt. Neben diesem individuellen Sinn wird auch Einordnung eines verantwortlichen Handelns der Gemeinschaft ge- nüber vermittelt.

48 Seiten	10 743	ab 13,49 €

PDF plus

5 6 7 8 9 10 11-13

olfgang Wertenbroch

sychologie – Lebendige Seelenkunde für Schüler

ir das Verständnis der Welt und der Gesellschaft sollten wir Menschen ch uns selbst kennen. Aber wie gelangen Schüler zum Selbst? er lernen Ihre Schüler, wer und wie sie sind, als Menschen und als rnende. Spannende Themen wie Intelligenz, Denken und Wahrneh- ung, Aufmerksamkeit, Gedächtnis u.v.m. werden in diesem spannen- n Band behandelt.

88 Seiten	11 524	ab 16,49 €

7 8 9 10 11-13

Bandi Koeck & Tobias Vonderlehr

Grundwissen Ethik

Kreative und praxiserprobte Unterrichtsideen mit motivierenden Arbeitsblättern, Vorlagen und Merktexten. Die Kopiervorlagen sind auch für den fächerübergreifenden Unterricht ausgezeichnet geeignet. Themen wie z.B. Moralische Prinzipien, Menschenrechte, Glück und kurzgefasste Darstellungen der Weltreligionen führen die Jugendlichen zu Wertvorstellungen und Überzeugungen. **Ein Muss zur Entwicklung von Wertevorstellungen und Unterstützung der Persönlichkeitsentwicklung.**

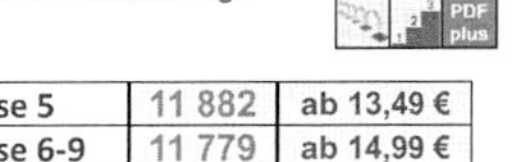

48 S.	Klasse 5	11 882	ab 13,49 €
64 S.	Klasse 6-9	11 779	ab 14,99 €

5 6 7 8 9

Friedhelm Heitmann

Allgemeinwissen fördern Philosophie & Ethik

Durch die Betrachtung des menschlichen Zusammenlebens unter vielen Aspekten erhalten Heranwachsende Orientierungen für das Leben. Auch durch einfache Fragen gelangt man zum Nachdenken über die elementaren Themen Ethik, Moral, Recht, Gewissen, Ehrlichkeit, Menschenwürde, Menschenrechte, Ehre, Toleranz, Respekt, Humanität, Urteile, Vorurteile, Lebenssinn, Tod. Der Band enthält klar formulierte Infotexte und dazu ausgearbeitete Aufgaben.

76 S.	12 443	ab 15,99 €

FÖ PDF plus

5 6 7 8 9 10 11-13

Friedhelm Heitmann

Einfach Ethik
Elementares Wissen leicht erklärt

Das umfassende Thema Ethik bietet die Möglichkeit, ethisches Denken und Handeln zu fördern, denn ethische Aspekte begegnen uns jeden Tag. Der Arbeitsband befasst sich mit Themen wie: Leben, Natur und Umwelt, Mensch, Gesellschaft, Liebe, das soziale Miteinander, Konflikte und Lösungen, Familie, Regeln und Gesetze u.v.m. Die Kopiervorlagen sind einfach, verständlich und ansprechend gestaltet und vermittelt einen für jedermann verständlichen Einblick.

72 S.	12 788	ab 15,99 €

FÖ PDF plus

5 6 7 8 9 10 11-13

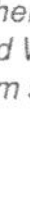

Wolfgang Wertenbroch

Lernwerkstatt Ethik
Der Mensch in der Gemeinschaft

In Elternhaus und Schule werden wir erzogen. Hier lernen unsere Schüler, wie sie sich verhalten sollen. Sie wissen dann, welches Verhalten sie „dürfen" und welches Verhalten sie „nicht dürfen". Dann wissen sie aber immer noch nicht die Begründung für das angemessene Verhalten. Diese Lücke schließen die hier vorgelegten Arbeitsblätter in angemessener Art und Weise. Die Erkenntnis, dass Verhalten auf Eigenverantwortung ruht, ist mit ein großes Ziel dieser Lernwerkstatt.

72 Seiten	11 042	ab 15,99 €

5 6 7 8 9 10

Klasse 5 6 7 8 9 10 11-13

Ethik

unst

khard Berger

TIPP

Moderne Kunst

Moderne Kunst und seine Geschichte direkt nd leicht verständlich! Die großen Kunstrichtungen vom Impressionismus über Jugenstil s zur Pop Art und die bedeutendsten Künst- r werden beim praktischen Arbeiten hautnah lebt. Eine Menge in der Praxis erprobter nregungen werden mit dieser bewährten nterrichtsreihe „Moderne Kunst" vermittelt. ie werden stauen, wie schnell aus hochmoti- erten Schülern Experten und selbst Künstler erden!

and 1: Impressionismus, Jugendstil, Poin- ismus, Expressionismus, Konstruktivismus, ubismus

and 2: Symbolismus, Futurismus, Dadais- us, Surrealismus, Pop Art

and 3: Die Brücke, Der Blaue Reiter, ittura Metafisica, Op Art, Minimal Art

Alle Stufen

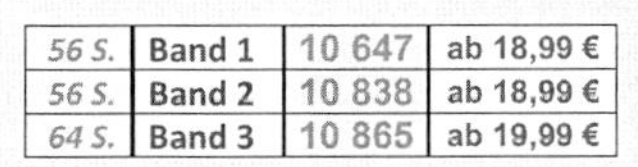

56 S.	Band 1	10 647	ab 18,99 €
56 S.	Band 2	10 838	ab 18,99 €
64 S.	Band 3	10 865	ab 19,99 €

RBIG

Der Künstler, Designer, Kunsthistoriker und Kunstreferent Eckhard Berger ist einer der fleißigsten Autoren mit Schwerpunkt Kunst und Konzentration im Kohl-Verlag. Eckhard Berger lebt mit seiner Familie in Brake/Unterweser.

Susanne Rezac (Hrsg.)

Digitale Medien *kritisch* nutzen

NEU

Emanzipatorische Medienbildung im Kunstunterricht

Komplette Unterrichtseinheiten mit Arbeitsblättern, Aufgabenstellungen, Hinweisen zu Zeitaufwand und möglichen Sozialformen.

Band 1 behandelt mit „Wer macht die Kunst?" und „Wer kann ich sein?" Vor- und Nachteile von Handgemachtem gegenüber Digitalem und Rollenklischees im Gaming.

Band 2 thematisiert mit „Wie will ich gesehen werden?" und „Was könntest du werden?" sozialisationsrelevante Aspekte von Selfies und zukünftig mögliche Veränderungen des Menschseins durch Cyborgtechnologien.

Band 3 behandelt mit „Wer führt meinen Blick?" und „Was bedeutest du?" in der Appprogrammierung genutzte Mittel der Sucht-induktion und Verhaltensmanipulation und die sozialen und psychologischen Auswirkungen von Social-Media-Nutzung.

Alle Stufen

FARBIG

36 S.	1	DeepArt & Chardesign (Kl. 5-8)	12 984	ab 16,49 €
36 S.	2	Selfies & Cyborgs (Kl. 7-10)	12 985	ab 16,49 €
36 S.	3	Addictive Design & Social Media (9-13)	12 986	ab 16,49 €

Kunst, Werken & Gestalten

Lege- & Lernmaterial

Anneli Klipphahn & Waldemar Mandzel

Das Leben Jesu

Dieses Legematerial bietet einen Überblick über das Lebens Jesu. Seine Worte und Taten gehören zusammen – deshalb ist es hilfreich, Jesu Begegnungen mit den Menschen, sein Handeln und seine gleichnishaften Reden im größeren Zusammenhang zu betrachten. Neben ansprechenden Illustrationen und Texten sind auch Bilder und Informationen über das Land und die Lebenswirklichkeit der Menschen jener Zeit enthalten. Die einzelnen Elemente lassen sich in vielfältiger Weise auch einzeln nutzen. Die Werke ergänzen sich, es gibt keine Doppelungen.

FARBIG

Das Leben Jesu *Die Geschichte Gottes Sohns*	15 064	
Mit Jesus unterwegs *Stationen im Leben Jesu*	15 065	je 48 Seiten
Die 12 Jünger Jesu *Die Apostel kennenlernen*	15 063	ab 18,99 €

5 6 7 8 9 10

Autorenteam Kohlverlag

Die sieben Sakramente

Die Sakramente als Zeichen für die Nähe Gottes spielen sowohl in der evangelischen wie auch in der katholischen Kirche eine grundlegende Rolle. Sie zeigen uns, dass Gott unser ganzes Leben begleitet. Der Montessori-Stern besteht aus den sieben Sakramenten: Beichte, Taufe, Eucharistie, Ehe, Priesterweihe, Krankensalbung und Firmung. Anhand des ansprechend gestalteten Legematerials setzen sich die Schüler mit dem Thema spielerisch auseinander, wobei sie die Inhalte leichter aufnehmen und einprägen können.

FARBIG | 48 S. | 15 068 | ab 18,99 € — 5 6 7 8 9 10 11-13

Gary M. Forester

Die zehn Gebote — Lern- und Legematerial in Kreisform

Die 10 Gebote sind die Richtschnur für eine christliche Lebensführung. Anhand eines Legekreises werden alle 10 Gebote eingeführt und mit Geschichten, Merksätzen, Beispielen und Bildern veranschaulicht. Durch Vorder- und Rückseite des Legematerials kann sich der Schüler eigenständig dem Thema widmen und sein Wissen auf spielerische Art selbst überprüfen.

FARBIG | 48 Seiten | 15 034 | ab 17,49 € — 5 6 7

Anneli Klipphahn

Das Vaterunser — Das Gebet aller Christen

Durch das eigene Zuordnen der Legeelemente bedenken und begreifen die Schüler Aussagen und Inhalte der Anrede, der einzelnen Bitten und des Beschlusses. Der Ausgang ist offen, die einzelnen Strahlen können beliebig durch Geschichten, Bilder und Lieder erweitert werden. Dies zeigt, dass die Tiefe dieses Gebetes letztlich nicht vollständig erfasst werden kann.

FARBIG | 40 Seiten | 15 056 | ab 17,49 € — 5 6 7 8 9 10

Anneli Klipphahn

Ostern, Pfingsten & Weihnachten
Die großen christlichen Feste

Wunderschönes farbiges Legematerial, bestehend aus einem 12-strahligen Legekreis. Die Kirchenfeste werden anschaulich dargestellt und können so ganz neu erfasst werden. Dieser wunderschöne Legekreis ist ein ECHTER Blickfang für Ihr Klassenzimmer!

FARBIG | 32 Seiten | 15 054 | ab 14,99 € — 5 6 7 8 9 10

Autorenteam Kohl-Verlag

Sucht ..... und ihre Folgen
Sieben Süchte genau betrachtet

Die Verlockung, etwas Verbotenes oder gesellschaftlich Verpöntes auszuprobieren, ist unter den jungen Menschen (auch oft durch Gruppenzwang unter Jugendlichen) verbreitet. Schnell wird aus dem „ersten Mal" eine schwer zu kontrollierende Sucht mit schlimmen Folgen. Dieses aussagekräftige Legematerial beleuchtet die Auswirkungen von Alkoholismus, Nikotin, illegalen Drogen, Internet, Glücksspiel, Medikamentenmissbrauch und Essstörungen. Die Infotexte und Bilder regen zur Diskussion an, sensibilisieren für dieses wichtige Thema und bieten Hintergrundwissen. Ein kreativer Einstieg, der sich auch zur Präventionsarbeit eignet.

FARBIG | 28 Seiten | 15 082 | ab 14,99 € — 7 8 9 10 11-13

Autorenteam Kohl-Verlag

Die fünf Weltreligionen
Farbiges Lege- und Lernmaterial

NEU

Ein Blick auf andere Religionsgemeinschaften ermöglicht es, seine engen, manchmal zu eingefahrenen Sichtweisen sowie alte Gewohnheiten neu zu überdenken und – wenn sinnvoll – zu ändern. Je mehr jemand Verständnis für andere Sichtweisen der W[...] hat, desto mehr unterstützt das den aktuellen Wunsch nach „sich sicher fühlen" und „in Frieden leben zu können". Die angebotenen Informationen sind mit Hilfe des besonderen Materials (auch) zur eigenständigen Erforschung und auch zur Partner- und Gruppenarbeit geeignet. Wunderschöne Legesterne mit wesentlichen Informationen über die fünf Weltreligionen.

Judentum	15 083	
Christentum	15 085	FARBIG
Islam	15 086	
Buddhismus	15 087	je 36 Seiten
Hinduismus	15 088	ab 17,49 €

Gary M. Forester

Weltreligionen entdecken & begreifen

Eindrucksvolle Bilder und altersgerechte Darstellungen wesentlicher Elemente der Weltreligionen. Die Bilder auf der Vorderseite richtet sich an Kinder, die noch nicht lesen können oder an Kinder mit Inklusionsbedarf. Die Texte der Rückseite eignen sich zum Vorlesen und geben Anregungen für weitere Einsatzmöglichkeiten.

FARBIG | 32 Seiten | 15 014 | ab 14,99 €

Gary M. Forester

Die Schöpfungsgeschichte

Die Kinder legen einen siebenstrahligen Stern, der jedem einzelnen Tag der Schöpfungsgeschichte entspricht. Land, Licht, Pflanzen, Tiere und der Mensch treten der Reihe nach in Erscheinung. Und am 7. Tage ruht Gott ...

FARBIG | 48 Seiten | 15 021 | ab 15,99 €

Gary M. Forester

Das Kirchenjahr

Der Band bietet anschauliches Legematerial in Kreisform zum Kirchenjahr. Neben faszinierenden Zeichnungen wird auf der Rückseite das jeweilige Fest kindgerecht erklärt. Farbliche Unterlegungen heben einzelne Abschnitte wie z.B. Weihnachts- oder Osterzeit deutlich hervor.

FARBIG | 48 Seiten | 15 032 | ab 16,49 €

Gary M. Forester

Glück ... hat viele Gesichter

Was ist Glück? Wann spricht man von Glück? Kann man Glück zufällig begegnen? Hängt es von materiellen Dingen oder von unseren Mitmenschen ab? Oder können wir es in uns selbst finden und fühlen? Kann es biochemisch erklärt werden? Wir machen uns auf die Spur des Glücks

FARBIG | 40 Seiten | 15 031 | ab 17,49 €

Gary M. Forester

Sozialkompetenz stärken

Kleine Geschichten steigern das Bewusstsein für soziales Handeln. Die Themen decken die wichtigsten Sozialkompetenzen ab. Das Legematerial stärkt das Bewusstsein der Schüler für ihr soziales Miteinander. Durch Zuordnen werden Sachverhalte durchdacht und begriffen. In der Mitte des Legematerials liegt das Achteck mit den acht verschiedenen Themenbereichen. Bilder und Texte lassen sich an diese Mitte des Kreises anlegen. Die Farben der Bild- und Textkärtchen helfen beim Zuordnen zum entsprechenden Thema. Prinzipiell ist der Ausgang aber offen, die Kärtchen passen unter Umständen auch zu einem anderen Thema. Auch können die einzelnen Strahlen beliebig erweitert werden.

FARBIG | 32 Seiten | 15 026 | ab 15,99 €